Zidane

Frédéric Hermel

Zidane

Flammarion

ISBN : 978-2-0814-9061-1

À Daniel Hermel, mon père,
si jeune pour l'éternité.

« Le talent, c'est avoir l'envie de faire quelque chose. »

Jacques Brel

« Je sais bien que je n'ai pas une vie normale, que je suis protégé par une étoile là-haut. »

Zinédine Zidane

Avant-propos

Le temps a passé comme un charme

C'était un mois de juillet comme il en existe tous les ans à Madrid. Il faisait chaud, très chaud. La poussière volait sous mes chaussures à chaque pas sur le parking du vieux centre d'entraînement du Real. J'étais impatient et j'égrainais le temps en dessinant des formes sphériques sur le sol du bout de mon pied droit. Je partageais aussi quelques palabres avec mes collègues espagnols tout en jetant des regards furtifs et tendus vers la porte du vestiaire. Espérant qu'elle s'ouvre vite pour laisser apparaître l'objet de ma visite au sérail « merengue ». L'unique cause de mon attente nerveuse.

C'était la rentrée des classes des footballeurs au maillot blanc et, en cet été 2001, un nouveau venu accaparait une attention et une excitation que je n'avais jamais ressenties jusqu'alors. Quelques jours auparavant, Zinédine Zidane avait débarqué de Turin et signé un contrat de quatre ans avec le plus célèbre et admiré club de football de la planète. Zizou, le Zizou de tous les Français, celui qui m'avait fait hurler de bonheur le 12 juillet 1998 en inscrivant deux buts en finale du Mondial, avait débarqué dans ma ville et déjà prodigieusement bousculé mon existence. En seulement quelques heures, j'étais passé de journaliste d'informations générales à reporter sportif. De celui qui écrivait et causait sur la politique espagnole, les terroristes de l'ETA, les boycotts des produits français et les enfants cachés de Julio Iglesias, à celui qui allait scruter au quotidien l'idole de mon pays natal.

J'avais toujours adoré le football, malgré mon incapacité existentielle à pratiquer avec décence le moindre sport. Peut-être un peu de tennis de table au cœur de l'adolescence, et encore, mais surtout pas cette activité préférée de mes camarades qui consiste à faire entrer une balle dans un but sans utiliser ni la main ni le bras. J'avais donc appris à aimer le football par les yeux et par les tripes, en écoutant à la radio le récit des matches de mon cher et tendre Racing Club de Lens et en explosant de douleur le 8 juillet 1982. Ce soir-là, sur l'écran en noir et blanc du poste de télévision familial, j'avais assisté à la plus cruelle et sanguinaire défaite de l'équipe de France, celle du stade Sánchez-Pizjuán de Séville face à la République fédérale allemande, celle de l'agression de Harald Schumacher sur Patrick Battiston, celle des tirs au but manqués par Didier Six et Maxime Bossis. J'avais 12 ans et n'allais être libéré de cette déchirure, comme tant de mes compatriotes, que seize ans plus tard grâce à un gars de Marseille aux deux initiales fulgurantes. ZZ avait lavé l'affront et offert la fierté et la joie à la France rassemblée.

C'était donc ce personnage déjà historique que je m'apprêtais à connaître personnellement, que j'allais « chasser » au quotidien, sur lequel je devais désormais exercer mon métier. J'étais nul et non avenu à l'heure de caresser la balle mais je me disais, pour me rassurer, qu'il n'était pas nécessaire d'être un grand chef de cuisine pour savoir si la soupe est trop épicée.

Tel un jeune amoureux encore un peu gauche qui cherche à aborder la demoiselle de ses rêves, je préparais mes phrases comme on écrit un sonnet. Je voulais avoir l'air sérieux et sûr de moi. Montrer de prime abord à l'icône de la République qu'il venait d'entrer sur mon territoire, dans mon espace madrilène et que je souhaitais l'accueillir avec éducation, délicatesse et retenue. Je divaguais dans mes pensées quand il surgit à trois mètres de moi. C'était l'heure. Le premier instant d'une histoire dont ni lui ni moi ne pouvions soupçonner ni la teneur ni la longévité. Je m'approchai, la main droite prête au salut. Il la serra doucement.

« Bonjour, Zinédine, je suis Frédéric Hermel, le correspondant à Madrid de *L'Équipe* et de RMC. Je crois que nous allons désormais nous voir souvent.

— Oui, je le pense aussi, nous allons beaucoup nous croiser… »

C'est par ce sourire qui n'appartient qu'à lui qu'il ponctua sa phrase, conscient de l'évidence d'une relation professionnelle qui vivait ses premiers moments. Je venais d'enfiler la veste du reporter attitré, du suiveur de près, du raconteur d'exploits et de désillusions.

La chanson de Jacques Bertin le dit si bien, « le temps a passé comme un charme », et dix-huit ans après cette première rencontre, nous sommes encore là. Tous les deux. Les cheveux déjà fragiles ont déserté nos crânes et quelques sillons assiègent le contour de nos yeux. J'ai pris des kilos. Pas lui. Il a quatre enfants. Moi un neveu là-haut, au nord de la République. Il est toujours dans le football. Moi de même. Je l'aime bien et lui aussi, je crois. Oui, dix-huit années se sont ajoutées à ces deux mains incertaines qui s'étaient frôlées par un midi brûlant de la capitale espagnole.

Notre relation a atteint sa majorité, elle est devenue adulte et peut faire ce que bon lui semble. C'est un anniversaire que je me devais de fêter avec ce que je respecte le plus, avec ce que je connais de mieux, de l'encre et du papier. Souvent, au cours de ces saisons qui passaient, des propositions de livres ou de documentaires venaient chatouiller mes oreilles et gratter mon ego. En 2006, après le fameux « coup de boule » de la finale du Mondial contre l'Italie, des Anglais avaient même tenté de me commander un récit « trash », puisque tel était le qualificatif employé par le renifleur de mort attablé devant moi. J'avais toujours tout refusé. Par honnêteté, par pudeur, par paresse aussi parfois. Puis est venu le parfum de la cinquantaine, la maturité des souvenirs et la démangeaison de la main droite. Quand le 31 mai 2018, après deux ans et demi de triomphes, après neuf trophées alignés côte à côte, Zizou l'entraîneur a décidé de quitter le Real et de s'envoler vers un autre futur, un petit frisson a parcouru mon esprit. J'avais le sentiment de lui avoir posé ma dernière question de journaliste, j'étais persuadé de ne plus jamais le revoir à la tête de l'équipe de son cœur. Il était peut-être temps d'associer des lettres pour faire des mots, des mots pour faire des phrases, des phrases pour faire des chapitres, des chapitres pour faire un livre. Un livre sur Zidane, mon livre sur celui que j'accompagne, et qui m'accompagne, depuis si longtemps. Du frisson à l'envie, de l'envie à la conception, de la conception à la confession.

« Zizou, je voulais que tu saches que je pense écrire ta biographie. »

Un soir de novembre 2018, à la terrasse d'un café du quartier Conde de Orgaz de Madrid, j'ai donc averti le seul héros de mon bouquin. Je ne cherchais pas une autorisation, juste un consentement qu'il me donna immédiatement et sans conditions.

Il est sûrement le Français le plus célèbre au monde, mais qui connaît vraiment Zizou ? Un être secret qui cultive la discrétion, un homme adulé qui se préserve et protège les siens, une star qui reste un type normal au milieu de l'anormalité d'un destin exceptionnel. C'est la grande histoire de sa vie que j'ai souhaité raconter au travers de notre petite histoire, de ces dix-huit années de frottements quasi quotidiens qui m'ont permis de comprendre sa profondeur et son éclat, ses forces et ses faiblesses, ses victoires et ses craintes, ses passions, ses lubies et ses obsessions.

J'ai perquisitionné ma mémoire et fouiné dans celle de ses proches, de ces personnes essentielles à la vie de Zidane qui ont accepté de me parler avec confiance et liberté. Certaines n'étaient jamais sorties de l'ombre, n'avaient jamais partagé leurs mots avec quiconque. Elles m'ont aidé à construire le récit d'une vie hors du commun. De son rapport à ses parents, sa famille élargie, ses coéquipiers et ses amis, sa formation et son enivrante carrière jusqu'à son incroyable triplé en Ligue des Champions à la tête du Real Madrid, son départ imprévu et son retour surprenant, en passant par sa relation forte avec ses quatre fils, son histoire d'amour avec sa femme Véronique, la conquête de la première étoile de champion du monde et le geste fou sur Materazzi, cette violence en lui et son immense générosité, sa vie quotidienne dans la capitale espagnole, les affres de son nouveau métier d'entraîneur mais aussi son rapport à l'argent, son identité si française et sa solitude revendiquée, je raconte avec respect, délicatesse et précision tous les aspects et épisodes majeurs de sa fabuleuse existence. Ainsi que de nombreux événements ou facettes, petits et grands détails, inédits ou encore méconnus jusqu'ici.

Je relate nos moments de complicité et de tension, notre tendresse contenue et nos bruyantes engueulades. Je propose dans ces pages une biographie impressionniste où le « il » est visité par le « je », où la bienveillance assumée refuse la complaisance, où la vérité est incarnée. Pas de « on dit que » mais des « il dit que » et des « ils disent que ».

Regardant direct, observateur privilégié, acteur passager, confident mais pas ami, témoin mais pas porte-plume, je dessine à petites touches le portrait de celui dont mes compatriotes français font année après année un de leurs personnages préférés et que mes amis espagnols rêveraient de naturaliser. La vie a voulu qu'en ce jour béni de juillet 2001 mon chemin croise le sien. Je l'ai accepté avec toutes ses violentes, puissantes, mentales, physiques, mais si belles et enchanteresses conséquences.

« Parce que c'était lui, parce que c'était moi », avait écrit Montaigne à propos de son histoire avec La Boétie. La nôtre est celle d'un héros romanesque et d'un bafouilleur d'articles de gazettes, d'un cracheur de paroles dans un micro. Cet homme mérite que le monde sache comment vibrent son cœur et son cerveau. Je n'aurais pas offert en sacrifice tous ces mois de mon existence à l'écriture d'un tel ouvrage si je ne sentais pas, si je n'étais pas persuadé jusqu'au creux de mon âme que ce tapeur de ballon, cette icône, ce modèle, était un mec bien. Un vrai mec bien.

Le temps a passé comme un charme

Je vous le laisse entre les mains, je vous laisse juge. Je ne prétends rien d'autre, en ce jour et par ces feuilles assemblées, que d'être le conteur du destin de Zinédine Yazid Zidane, fils de Smaïl et Malika, né à Marseille, République française, le 23 juin 1972.

Partie 1

SA FAMILLE ET SON ABRI

Chapitre 1

VÉRONIQUE, LE SOCLE DE SA VIE

Ils sont la rencontre de deux mouvements en devenir. Mouvement gracieux de la danseuse, mouvement plus rugueux du footballeur.

Deux corps aiguisés au service d'une passion, d'un art de vivre, d'un désir fort. Deux jeunes êtres éloignés de leurs parents pour l'accomplissement d'un rêve qui se découvrent à Cannes, la ville des paillettes du Festival et du cinéma.

La lumière n'abandonnera plus jamais ce couple dont les regards se croisent pour la première fois en 1989 dans la cafétéria du foyer de jeunes travailleurs où tous deux résident. Véronique a 18 ans et suit des cours de danse à l'école Rosella Hightower. Zinédine en a 17 et joue au centre de formation de l'AS Cannes.

> « Quand je l'ai rencontrée, je me serais jeté du haut d'un immeuble. Pour elle, pour qu'elle m'aime... »

Zizou me fait cette confession en 2006, alors que se profile la fin de sa carrière de footballeur professionnel. Nous sommes assis dans une salle quelconque dans la blancheur aseptisée du tout nouveau centre d'entraînement du Real à Valdebebas. Comment en sommes-nous venus à parler d'amour ? Je ne me souviens plus vraiment. Je devais sûrement lui relater mon dernier échec dans la conquête d'une belle mais distante journaliste et mon goût chaque jour un peu plus prononcé pour la solitude, le célibat et l'absence de responsabilité familiale. Il m'interpelle :

« Mais non, il n'est pas trop tard pour avoir des enfants ! »

Le père de quatre marmots m'encourage dans un sourire complice teinté de gentille moquerie. Lui entame déjà le bilan de sa vie de sportif de haut niveau. Comment séparer cet immense triomphe global, qui se terminera en juillet par le Mondial en Allemagne, du destin de celle qui s'est sacrifiée pour lui ? Sans Véronique, Zidane n'aurait jamais été Zidane. Quiconque a fréquenté un minimum la star en a conscience. Elle fut essentielle pour le joueur, elle le deviendra plus tard pour l'entraîneur.

« Oui, je me serais jeté du haut d'un immeuble… »

Zinédine soupire en se répétant ces mots d'une force incroyable. Lui qui voulait grimper tout en haut, balle au pied, aurait pu redescendre brutalement en se précipitant dans le vide. Pour cette brune sublime dont la timidité prend souvent des allures de légère froideur. Les yeux verts du non moins timide Kabyle auraient provoqué des ravages chez les midinettes cannoises, mais c'est bien Véronique, l'Andalouse de Rodez, qui le fait succomber d'amour.

Ils se marient le 28 mai 1994 à la mairie de Bordeaux, la ville des Girondins, le club où Zidane commence alors à devenir « Zizou ». C'est le truculent et si attachant Rolland Courbis, son entraîneur, qui le premier le baptise ainsi. Le sobriquet restera pendant que le talent ne fera que grandir.

Bordeaux découvre un immense footballeur et Véronique s'installe dans le rôle d'épouse et bientôt de mère. Le dévouement et la foi en son homme sont tels qu'elle met de côté ses rêves de danse. Elle aussi possédait le talent, elle aussi méritait de réussir dans son art après avoir quitté la fac et ses études de biologie. Et cependant elle sacrifie tout sciemment pour un destin qu'elle juge supérieur. Pour suivre Zinédine, pour le soutenir, pour le conseiller, pour l'aimer. Et si c'est Véronique qui s'était, finalement, jetée du haut d'un immeuble ? « Si j'avais su qu'il deviendrait si célèbre, je ne l'aurais peut-être pas épousé ! » confiera-t-elle aux rares gazettes qui auront la chance de l'approcher. Savoureux paradoxe que cette réflexion de madame Zidane puisqu'elle l'accompagnera intensément vers la gloire. Puisqu'elle sera l'architecte de cet équilibre humain et familial qui permettra au champion de traduire en exploits et en trophées ses prédispositions hors du commun. Véronique a géré toutes ces choses qui polluent et ennuient l'esprit des compétiteurs, elle a façonné cet environnement dans lequel le don reçu par son mari à la naissance a pu s'épanouir.

Mon premier contact avec elle a lieu en juillet 2001 dans l'ancienne cité sportive du Real, un endroit alors vétuste ayant fait place depuis à quatre très hautes tours. Celle qui abrite aujourd'hui l'un des hôtels les plus luxueux de la capitale espagnole a reçu, de manière non officielle, le nom de Zidane. Souvenir de la trace laissée ici par ses chaussures à crampons.

C'est le président du Real qui s'amuse avec délectation à rebaptiser les quatre buildings devant chaque nouveau visiteur. Depuis la baie vitrée de son bureau, Florentino

Pérez compte autant de tours que de joueurs « galactiques » qu'il a fait signer dans son club : « Figo, Zidane, Ronaldo, Beckham ». Le P-DG du numéro un mondial du BTP se plaît à filer la métaphore bétonnée, à réunir dans la pensée ses deux passions, la construction et le ballon rond.

En ce jour de juillet 2001, donc, j'attends la nouvelle recrue du club madrilène, le joueur le plus cher de l'Histoire et champion du monde français. À l'époque, il n'existait aucune barrière physique entre les reporters et les membres de l'équipe. Il était courant de passer le temps à côté des véhicules des stars jusqu'à leur sortie du vestiaire. Et là je repère une jolie brune assise dans une voiture immatriculée en Italie. Elle arrive de Turin, c'est donc Véronique Zidane. J'observe son profil droit, ses traits si fins, sa peau lisse et je devine ses yeux noirs qui vont bientôt me fixer violemment. Profonds. Je ne suis pas du genre à en faire des caisses mais on m'a appris depuis tout petit à dire bonjour aux gens. Je frappe discrètement. La femme de Zizou sursaute et baisse la vitre électrique :

« Bonjour, Véronique, je suis correspondant de la presse française. Je vis à Madrid depuis longtemps et je tenais simplement à vous souhaiter la bienvenue en Espagne.

— Merci. Au revoir. »

Et la vitre de remonter aussi vite qu'elle était descendue, avant que je ne puisse articuler un autre mot. Mauvaise pioche. Je venais de me prendre un vent historique qu'elle avait agrémenté d'un sourire plus que forcé. Moi qui voulais simplement me montrer gentil. Je comprendrais rapidement la méfiance de Véronique à l'égard des médias et son besoin presque vital de se protéger contre ces intrus parfois malveillants. Ce premier épisode avait imprimé en moi une bien mauvaise image de l'épouse de l'homme sur lequel je m'apprêtais à écrire des pages et des pages, à m'égosiller sur les ondes en relatant chacun de ses exploits. Mais heureusement, des rencontres postérieures, dans des situations et des lieux moins exposés, allaient bouleverser mon opinion.

Cet atterrissage à Madrid était un cadeau pour Véronique. L'un des plus beaux que Zizou pouvait offrir à celle qu'il aime. Après cinq années passées à Turin, puisque le joueur évoluait sous le maillot de la Juventus, elle se disait fatiguée de la brume et de la froideur de la ville italienne. Elle aspirait au soleil, à la douceur du pays de ses ancêtres. Elle aimait parler l'espagnol, elle souhaitait désormais rouler les « r » au quotidien.

Un an auparavant, au cours d'un dîner officiel organisé par l'UEFA, Florentino Pérez avait fait passer une serviette en papier à Zidane, assis de l'autre côté de la table. Le grand patron du célèbre club espagnol avait écrit en français sur ce parchemin improvisé un message on ne peut plus direct : « Veux-tu jouer au Real ? » Zinédine avait répondu immédiatement sur le même morceau de papier : « Yes ! », en anglais dans le texte. Et à la vue de tous. Pour Véronique, l'occasion était délicieuse. Elle n'osait imaginer que son époux puisse la laisser filer. Par amour, mais aussi pour le brillant défi sportif qu'un tel transfert représentait, Zizou acceptait. *Arrivederci Torino, hola Madrid!* La nouvelle vie était en marche.

Dans la capitale du royaume d'Espagne, madame Zidane ne jouera jamais les princesses et misera sur la discrétion et la simplicité. Du confort oui, du luxe clinquant et dégoulinant non. Véronique n'a rien en commun avec Victoria Beckham, l'épouse du collègue et ami de son mari dans l'équipe du Real. L'ancienne chanteuse du groupe musical des Spice Girls, celle qu'on surnomme « Posh » au Royaume-Uni, se plaindra souvent du caractère extraverti des Espagnols, des horaires tardifs et du bruit qui rythme l'existence de la grande ville de Castille. « Madrid ça sent l'ail ! » ajoutera aussi régulièrement à ses griefs la chanteuse britannique, épouse du pourtant si sympathique David. Madame Beckham fait ouvrir spécialement le dimanche des boutiques de luxe de la rue Ortega y Gasset (la place Vendôme madrilène), madame Beckham claque des centaines de milliers d'euros en deux heures de shopping et s'arrange pour que cela se sache. Elle fait annoncer tous ses déplacements pour être sûre que les paparazzis soient au rendez-vous tout en regrettant de ne plus pouvoir vivre tranquille. « *Let me alone por favor!* » soupirera-t-elle tant de fois, lunettes de soleil clouées sur son visage.

Madame Zidane aime aussi les belles choses, mais madame Zidane préfère l'anonymat et la décence. Et n'a pas besoin de cache-yeux de chez Gucci. Tout comme son mari, elle sait d'où elle vient. Alors les sorties au restaurant, que la famille apprécie particulièrement, se font dans la plus grande discrétion possible et la réservation au nom de « Veronica Fernandez ». Là un petit Italien, là un Argentin réputé pour sa bonne viande au grill, là un végétarien, Véronique se construit et construit pour les siens un réseau de lieux privilégiés où la vie privée semble plus ou moins préservée. Un restaurateur témoigne :

> « Et encore, même si l'on fait tout pour qu'ils soient peinards, les gens manquent souvent d'éducation et les dérangent en plein repas. Pour une photo, pour un

autographe. J'ai parfois vu Zidane mettre le holà pour préserver sa femme et ses enfants. Toujours poli mais ferme. »

Ce Français de Madrid connaît l'histoire par cœur. Si les Zidane ne peuvent pas profiter d'un dîner plus ou moins tranquille, ils ne reviendront pas. La sentence du tribunal zidanien est aussi immédiate qu'implacable. Souvent, il leur faudra prendre un avion ou faire plusieurs heures de route en voiture pour se retrouver en famille, à la campagne. C'est aussi comme ça que les problèmes liés à la médiatisation à outrance se règlent. Par l'esquive et la fuite provisoire.

Véronique n'avait pas prévu tout ce déballage. Elle a connu Zinédine avant qu'il ne se mue en Zizou, l'étoile mondiale du ballon rond. Un privilège pour celui qui n'a parfois plus été en mesure, de par son immense statut, de détecter clairement les intentions des nouveaux venus, des nouveaux visages – malgré une méfiance bien installée. Contrairement à beaucoup de jeunes footballeurs actuels dont la richesse et la gloire, ajoutées aux nombres d'abonnés sur les réseaux sociaux, font l'effet d'un papier tue-mouches sur lequel viennent se coller de plantureuses abeilles au dard acéré.

« C'est une chance, c'est une immense chance de l'avoir rencontré alors qu'il débutait à peine dans son métier de joueur professionnel, confiera Véronique à Isabelle Giordano dans un entretien réalisé en 2001 pour un documentaire à la gloire de Zidane [1]. Ce fut un coup de foudre, comme dans un conte de fées, mais ce

1. *Zinédine Zidane. Comme dans un rêve*, coffret de deux DVDs, Studio Canal, 2002.

fut aussi et d'entrée une relation honnête, une relation normale. Je me suis mariée avec lui, il est et restera à jamais l'homme de ma vie. »

Et c'est cet amour pur, cet amour désintéressé, qui leur permettra de surmonter ensemble, et par les mots, les turbulences qui menacent tous les couples, anciens ou moins anciens. Quitte à faire disparaître de l'horizon certains vieux copains de Zizou que Véronique aura finalement jugés néfastes, toxiques ou simplement de mauvais conseils. L'été 2006, celui de l'achèvement de la carrière de joueur de Zinédine, celui de rumeurs dans les magazines people, celui de l'après-coup de boule en finale du Mondial marquera une nouvelle ère dans leur relation. Pour déboucher vers une fusion encore plus intense. M., ce bon pote de Zizou, me raconte :

« Il ne me prend plus au téléphone, il m'accuse d'être à l'origine de mensonges dans la presse. Véro ne veut plus que je le voie… »

C'est la voix nouée, les larmes au bord des phrases, qu'il relate à l'automne 2006 le bouleversement dans leur relation d'amitié et de confiance.

« Tu sais quelque chose, toi ? »

Non, je ne savais rien et ne voulais surtout pas me mêler de ces histoires. Malgré le touchant témoignage, l'appel au secours de l'ami déchu. Véronique avait sûrement ses raisons de faire le ménage autour de son époux. La jolie brune un peu froide aux yeux des étrangers avait fermé les frontières. C'est elle qui s'apprêtait à gérer la retraite de son homme, un pensionné tout juste âgé de

34 ans. Étape cruciale dans la vie d'un sportif de haut niveau dans laquelle beaucoup se sont perdus.

Depuis l'adolescence au centre de formation puis dans chacun de ses clubs et en équipe nationale, le footballeur est pris en charge comme un enfant. Le calendrier de sa vie est calqué sur celui des exercices et des compétitions, le quotidien rythmé par les décisions de l'entraîneur, ce père de substitution, ce professeur souvent autoritaire qu'il convient de combler pour obtenir le droit de pratiquer sa passion. Et puis le raccrochage de crampons vous laisse, d'un coup, seul face à un agenda vierge. Devant des journées qu'il faut remplir par soi-même, devant des week-ends où il convient de dormir à la maison. Plus de voyages à l'autre bout du continent pour une rencontre de Ligue des Champions, plus de tournées de trois semaines en Chine, États-Unis ou Australie, plus de championnats d'Europe et de Coupes du monde d'un mois et demi, plus de séparations qui invitent aux belles et charnelles retrouvailles.

À l'été 2006, Zizou est avec Véronique à chaque instant de son existence. De la cuisine au salon. Tout est bousculé. Et c'est l'amour et la patience de l'Andalouse de Rodez qui installera le champion dans son nouvel univers. C'est elle qui comblera de baisers et d'attentions la disparition des cris d'adoration, des salves d'applaudissements et des ovations des supporters du stade Santiago-Bernabéu.

Une pour compenser quatre-vingt mille. Une pour réinventer un quotidien à deux, un quotidien à six. Par quel miracle ? Celui-là même qui les avait unis pour la première fois deux décennies auparavant. La beauté, l'élévation, la sublimation du corps. La danseuse et le footballeur. Le footballeur et la danseuse. Non, Zizou n'allait pas se mettre à danser sur Tchaïkovski ou Philip Glass. Non, Véronique ne s'essayerait pas aux dribbles et aux coups francs. Encore moins aux reprises de la tête sur corner. Leur pas de deux devait se synchroniser dans la découverte du Bikram Yoga, pratique épuisante mais jubilatoire de cet art ancestral dans une salle chauffée à 40,6 °C et 40 % d'humidité. Double quarante pour deux quadras en quête de duo. Deux fois par semaine dans un établissement madrilène où ils se mêlent aux autres adeptes sous la direction d'un maître, le couple Zidane transpire et souffre dans une ode au mouvement. La lenteur et le calme, la douleur et le partage les unit. Culte du corps et recherche de la santé et du bien-être qui les mènent aussi vers d'autres activités. Salle de gym pour elle avec ses copines, foot avec les fils et jogging en solitaire pour lui.

« Le sport donne du bonheur ! Que cela fait du bien ! »

Zizou me le répétait souvent avec une contagieuse conviction. Plus tard, sa fonction d'entraîneur le privera de ces longues heures à travailler sur lui-même et elle lui fera perdre quelque peu de sa masse musculaire. Faute de temps.

Un nouveau métier qui connaît son premier jour de lumière le lundi 4 janvier 2016 quand il est officiellement présenté à la presse dans une salle de réception du Santiago-Bernabéu. En juillet 2001, pour son intronisation comme joueur madrilène, ni Véronique ni les enfants, n'étaient montés sur scène. Trop de stress, trop d'émotion, trop d'attente, trop de neuf. Quinze ans plus tard, pour son arrivée quasi messianique sur le banc de l'équipe première du Real, madame et les fils accompagnent le héros du jour dans chaque pas, dans chaque sourire. Véronique a revêtu une seyante robe rouge vif qui contraste avec le bleu des habits masculins qui l'entourent. Elle rayonne au centre d'une image qui va faire le tour du monde. Zidane et Real ensemble, voilà deux noms qui créent l'événement partout sur la planète. Elle est belle, presque sans âge. Elle sourit, ne cherche pas à dissimuler sa fierté alors que les flashs des photographes illuminent cet instant de gloire familiale. Mais elle garde cette petite distance pudique qui lui aura évité, toute sa vie, d'apparaître comme une bimbo de footeux. Elle ne l'est pas. Elle ne le sera jamais. Question de classe et d'éducation.

Je la revois quelques mois plus tard, à l'occasion d'une exposition de photos à l'Institut français de Madrid. Philippe Bordas avait suivi Zidane en 2006 et immortalisé à sa demande ses dernières semaines de footballeur, en Espagne et au Mondial allemand. Les clichés, jamais publiés, faisaient leur apparition une décennie plus tard dans cet espace dédié à la culture française et situé à deux pas de la place Christophe Colomb. La découverte des photos par le sujet de l'expo se fait dans un cadre extrêmement protégé. Mon ami Nicolas Kassianides, alors conseiller culturel de l'ambassade de France, a organisé une visite privée et m'a chargé du contact avec Zizou. Je n'avais sollicité qu'une chose, que les personnes présentes ne demandent ni selfies ni autographes au déjà victorieux entraîneur du Real. Cela devait n'être qu'un moment de détente pour lui. Pas un événement pour fans. Et là, sous mes yeux, se présente un responsable éducatif de l'Institut, la mine ravie et l'appareil photo en bandoulière. Il ne lui manque que le bob et les chaussettes dans les sandalettes. Je pouffe et m'insurge. Étonné, il me rétorque :

« Arrête avec tes précautions, Fred, Zidane ne va pas dire non à un petit souvenir !

— Non, il ne va pas dire non. Mais dans dix minutes il sera déjà reparti. Déçu d'avoir été pris au piège. »

Il est toujours difficile de faire comprendre aux admirateurs, aussi sympathiques soient-ils, que la star a besoin de moments de calme, de moments pour elle, de moments sans représentation de son succès. Zizou me prévient par téléphone :

« Je suis là dans un instant, je viens avec ma femme. »

Il se gare en face du bâtiment, sort de la voiture allemande prêtée par un sponsor du club et me donne une embrassade. Ça fait du bien de se voir en dehors des pelouses et des salles de presse glaciales. Il est radieux. Véronique me tend la main et m'offre un vrai beau sourire. Elle se sent en sécurité. Et c'est en sa compagnie que je passe la majorité du temps de visite alors que son mari marche de photo en photo avec Bordas et Kassianides. Véronique interpelle régulièrement Zinédine.

« Regarde ton frère. Il semble tellement ému ! »

Les images de son dernier match à Bernabéu, où toute la famille est réunie, prennent aux tripes et font remonter de puissants souvenirs. Nous parlons aussi de ses fils, si petits sur les photos. Elle a fait sauter les barrières. Elle est adorable et détendue dans son jean qui souligne une ligne qui frôle la perfection. Je ne me sens pas suspect, encore moins son ennemi. J'aime ce moment de simplicité et de complicité, éphémère mais sincère. C'est alors que Zizou me chambre sur ma nullité balle au pied. Ou un truc de ce genre. Je réagis immédiatement :

« Ah oui c'est ça, Môsieur Zidane est le coach du grand Real, Môsieur Zidane a gagné la Ligue des Champions. Il faisait moins le malin sur le banc en troisième division. Ça y est, il a pris la grosse tête ! »

Les quelques invités présents dans la pièce et peu habitués à notre relation détendue, à ces traits d'humour entre nous, montrent quelques signes de surprise et d'inquiétude. Ben oui, normalement on ne parle pas comme ça à l'icône ! Véronique a évidemment saisi le caractère jovial de cet échange mais tient à souligner la composante irréelle de ma réflexion :

« S'il avait pris la grosse tête, il y a longtemps que je l'aurais quitté. Ah non ! Surtout pas ça ! Je vous le dis. »

Elle assène ces mots forts et son sympathique accent du Sud-Ouest ressort un peu plus encore. Le grain de beauté qui trône au-dessus de sa lèvre supérieure en frissonne.

« Tant que je serai là, pas de risque que ça lui arrive. Pas le genre de la maison. »

J'en étais persuadé depuis bien longtemps. Mais ces deux phrases de Véronique me font comprendre de manière définitive l'un des rôles essentiels qu'elle aura joué toute sa vie auprès de celui dont le portrait géant fut, un soir de juillet 1998, projeté sur l'Arc de triomphe. Quiconque serait resté perché en haut des Champs-Élysées. Mais Zidane ne pouvait être « quiconque » avec Véro à ses côtés. Garde-fou de la mégalomanie, protectrice de valeurs éternelles, continuatrice de l'éducation reçue dans le quartier de la marseillaise Castellane. « Le succès est éphémère, ce qui s'est passé hier est souvent vite oublié », expliquera à Isabelle Giordano celle qui a enraciné les pieds de Zidane dans l'argile de la réalité. Et qui annonçait en cette année 2001, comme un présage : « Plus tard, ce sera mieux… »

Plus tard, c'est le passage, surprenant, inattendu, à la dimension d'entraîneur qui lui dérobera beaucoup de temps d'intimité avec son mari. Mais qui offrira de merveilleuses occasions de nouveaux bonheurs familiaux à partager. À commencer, quatre mois après sa nomination, par la conquête de la Ligue des Champions à Milan face à l'Atlético de Madrid. Sous les yeux d'une Véronique assise au bord du terrain. Soutien indéfectible du compétiteur et consolatrice préparée à l'échec. Au cas où. Mais ce printemps 2016, comme celui d'après à Cardiff et celui d'après encore à Kiev, ne verra fleurir que les lauriers du triomphe. Elle est fière de son homme et le rejoint sur la pelouse envahie de confettis, entourée de ses quatre fils.

Les neuf mois sabbatiques que Zizou entreprend à l'été 2018 après neuf trophées remportés en deux ans et demi seront ceux d'un autre rythme, celui que Véronique saura aussi insuffler. Elle l'accompagnera en Chine pour une tournée dans des écoles de football organisée par Adidas, le sponsor personnel historique de Zizou, sera à ses côtés à l'occasion des remises de prix de la FIFA à Londres, et autres événements où il faut bien se vêtir. Élégante et discrète elle sera, comme toujours.

Mais Véronique l'emmènera souvent dans son monde à elle, celui des beaux objets. Comme cette visite au musée des Arts décoratifs de Paris alors que l'ancien footballeur est venu dans la capitale faire réparer un genou qui coince, souvenir bruyant et douloureux de ses lointaines batailles sur le rectangle vert. La photo publiée par Zizou sur les réseaux sociaux ne fera référence qu'à la collection d'œuvres exposées, pas à la mécanique de la rotule. Véronique est là, droite et fidèle. Profitant du présent mais prête aux nouveaux défis. Pour une nouvelle ville, un autre pays, si tel l'ordonne le destin professionnel de son compagnon de route. Finalement, c'est au Real qu'il revient le 11 mars 2019 avec une passion et un désir renouvelés. Mais Véronique sait autant que son homme l'instabilité et la fragilité de ce métier, et l'intarissable force dont il aura besoin à ses côtés. Oui, c'est bien elle qui, finalement, s'est jetée du haut d'un immeuble. Sans aucun regret. Pourquoi ? Parce qu'elle tient la main de Zinédine.

Chapitre 2

Zidane et ses fils

« Fred, j'ai peur.
— De quoi, Zizou ? »

Nous sommes le mardi 29 novembre 2005. Il est 7 h 30. Un petit jet privé vient de décoller de l'aéroport de Paris-Le Bourget et j'ai les paupières encore collées par les bribes de sommeil d'une nuit bien trop courte.

J'ai été, ces dernières heures, le chaperon de Zinédine Zidane et d'Alfredo di Stéfano[1] lors de la cérémonie du cinquantième anniversaire du Ballon d'or France Football, sur les Champs-Élysées. Un trophée prestigieux que mes deux compagnons de voyage ont brandi avec fierté durant leur carrière de joueur professionnel. Notre retour vers Madrid se fait dans le silence brumeux qu'ordonnent les petits matins d'automne. Ces deux heures de vol vont pourtant se remplir de mots, la carlingue de l'avion se

1. Star du Real Madrid dans les années 1950, double Ballon d'or, quintuple vainqueur de la Coupe d'Europe des clubs champions (ancêtre de la Ligue des Champions), l'attaquant hispano-argentin Alfredo di Stéfano est une figure mythique du club madrilène et l'un des plus grands joueurs de l'histoire du football.

muer en confessionnal. Di Stéfano, 79 ans, est déjà un vieux monsieur. Il s'est endormi sur son siège.

« Tu sais, ce n'est pas normal. Mes fils n'ont pas une vie comme les autres. J'ai peur qu'ils deviennent des petits cons. Elle se trouve là ma plus grande crainte. »

Zizou n'est ni grave ni même solennel alors qu'il parle lentement de ce qu'il a de plus cher au monde. Simplement honnête et tendre. Enzo, Luca et Théo, les trois premiers de la fratrie, seront bientôt rejoints par Elyaz, le mois suivant. Ce prénom peu courant est un hommage à « Yazid », celui qui apparaît en deuxième position sur le passeport de Zidane, derrière « Zinédine », et que le joueur français apprécie particulièrement.

Est-ce le sentiment de devenir une sorte de patriarche qui l'amène à de telles réflexions auprès de ce journaliste sans micro ni crayon, de ce compatriote qu'il fréquente depuis maintenant quatre ans ? Jamais je ne l'avais senti aussi proche de moi et aussi éloigné de sa condition de star du foot, d'icône mondiale.

Je scrute et écoute un père, un papa qui se fait du souci. Il poursuit :

« Je ne veux pas que cette abondance de moyens, que tout ce que je représente, que tout ce qui se passe autour de moi les conduisent sur un mauvais chemin. Je veux qu'ils deviennent des mecs bien.

— Comment fais-tu alors ?

— J'évite d'en rajouter. Leurs conditions de vie, cette superbe maison avec piscine, c'est déjà vachement bien. Les beaux voyages… C'est déjà un magnifique cadeau ! Alors pour Noël, pour les anniversaires, avec Véronique, on fait le minimum. Pas question de les pourrir… »

Zidane contemple le décalage entre son enfance si modeste dans le quartier de la Castellane à Marseille et l'opulence des premières années madrilènes de ses fils. Je n'ai pas de descendance mais je le comprends, moi qui viens d'un petit village du Pas-de-Calais. Certaines valeurs ne doivent pas se perdre en route. Dans la famille bâtie par Smaïl et Malika Zidane, l'humilité et le respect étaient de mise. La base même de leur éducation. Celle que Zinédine a construite aujourd'hui ne peut y échapper, malgré les quelque vingt millions d'euros de revenus annuels encaissés par Zinédine. Ce serait comme insulter ses propres parents.

Alors comment trouver l'équilibre entre les contraintes de l'exposition médiatique d'une star mondiale et le droit à une enfance protégée ? Entre l'afflux d'argent et une éducation authentique ?

Comment soupeser les avantages sans sous-estimer les inconvénients de s'appeler Zidane ?

D'abord en ne s'appelant pas Zidane, justement. Véronique, fille d'Antoine et Ana, Espagnols d'origine installés dans l'Aveyron, est née Fernandez. Alors les fils « Zidane » deviendront les enfants « Fernandez », puisque ce deuxième patronyme est aussi banal à Madrid que le premier est pesant et angoissant à porter dans une Espagne où les garçons de footballeurs célèbres vivent souvent un calvaire. Zizou a entendu parler des larmes à gros bouillons qui ont ponctué l'enfance de Jordi Cruyff, l'aîné de Johann, mythique joueur hollandais des années 1970 puis entraîneur du FC Barcelone. Des insultes sur les petits terrains de football, des regards en coin et des faux copains de classe.

Au Lycée français de Madrid où ils sont scolarisés, là où près de quatre mille élèves affluent chaque matin, les enfants de Zinédine et de Véronique sont donc inscrits sous le nom Fernandez. De même qu'à l'école de foot du Real Madrid.

Enzo, l'aîné, est un garçon discret qui s'accommodera parfaitement de ce changement d'identité administrative. Luca, le deuxième de la fratrie, gardien de but au caractère bien trempé, ne l'acceptera jamais vraiment. « Mais moi je m'appelle Zidane ! » criera-t-il souvent, revendiquant ce droit à être lui-même, à ne pas dissimuler son pedigree.

Mais ce choix s'est imposé à tous, y compris pour une évidente question de sécurité. Car là se trouve bien le dilemme : il faut tenter de mener une vie normale alors que rien n'est normal.

Dans une attitude qui peut sembler paradoxale, Zizou refuse l'idée de ne pas emmener ses fils à l'école, il est père et compte bien exercer ce rôle au quotidien, même si, au cours des premières années à Madrid, surtout entre 2001 et 2006 alors qu'il porte le maillot du Real, des petites émeutes se créent quand il approche des grilles de l'école.

La question de mettre les garçons dans un établissement international huppé, un « ghetto de riches », ne s'est jamais posée. Ce sera le système français, ce lieu du savoir qui accueille les enfants de la maternelle au bac et qui jouit d'une très belle réputation. Le rond-point qui donne sur l'entrée du lycée se retrouve si souvent bloqué par une foule de parents avides du champion du monde que la police municipale demandera rapidement à la direction du centre éducatif de trouver une solution. Zizou jouira à partir de ce moment du seul privilège qui lui sera, en dix-huit ans de vie dans la capitale espagnole, accordé par le proviseur : le droit d'entrer dans la cour avec sa voiture. Petit passe-droit dont il fait toujours usage pour Théo et Elyaz, ses deux derniers enfants scolarisés.

Pas son genre de demander des faveurs, même quand elles sont aussi naturelles.

Ainsi, en 2012, et alors qu'Enzo se tourne définitivement vers une carrière de footballeur professionnel, Zinédine sollicite un rendez-vous avec le responsable du lycée. Pierre Mondoloni voit arriver un homme discret et humble qui se fait petit sur sa chaise et se fond par avance en excuses pour ce qu'il va requérir.

> « Sincèrement, je ne veux pas que mes enfants soient traités différemment des autres, mais Enzo s'entraîne déjà tous les jours avec les équipes de jeunes du Real. Serait-il possible, s'il vous plaît, qu'il soit dispensé de cours de sport ?
>
> — Mais, monsieur Zidane, vous n'avez pas à vous excuser pour cette requête. L'école de la République prévoit ce genre d'aménagements pour les élèves exerçant par ailleurs une activité sportive ou artistique. C'est un droit, pas un privilège. »

Cet épisode d'une grande banalité résume à lui seul l'attitude que Zinédine et Véronique auront au quotidien dans l'éducation de leurs enfants. Faire « comme si » ils n'étaient pas les héritiers du plus grand footballeur de la planète.

Louable et nécessaire comportement qui contraste avec celui, indigne, de certains parents d'élèves trop attirés par le soleil. À l'image de cette employée du lycée qui, grâce à sa position stratégique, manœuvrera pour que sa fille, du même âge qu'Enzo, se retrouve affectée dans la même classe de cinquième que l'aîné des Zidane. « On ne sait jamais, ils pourraient tomber amoureux ! » pensera-t-elle si fort que son fantasme résonnera dans toute la pièce. Cette dame brandira plus tard comme un trophée de chasse l'invitation à la fête d'anniversaire qu'Enzo avait donnée à sa fille, répétant jusqu'à satiété les mots que le gamin avait prononcés à la gamine. Le plus inexpérimenté des psychanalystes y aura vu sans peine un transfert des plus courants : séduire le fils par procuration parce que le père est inaccessible.

Et elle ne sera pas la seule, loin de là, à guetter les occasions d'entrer à cloche-pied dans le cercle intime de la star. Ce sont bien les adultes, et non les enfants, qui élaboreront durant toutes ces années des stratégies d'approche plus ou moins fructueuses. Zizou n'en sera pas dupe. Fera le tri. Et explosera de colère quand un diplomate français cherchant à le contacter exigera d'une enseignante de primaire qu'elle dépose une lettre dans le cartable de Luca. Cette manœuvre pour le moins déplacée provoquera l'effet inverse. Bien entendu.

Zidane ne supporte pas qu'on utilise ses enfants, et cette grave erreur de jugement du représentant de l'ambassade marquera un avant et un après. La réaction légitime du footballeur fixera une limite qui fera date aux yeux de l'administration française en Espagne. Le gentil Zizou s'était d'un coup mué en chef de clan implacable. On touche à ses petits ? Il mord.

L'éducation, la vie quotidienne et le bien-être des enfants sont au centre de la vie du champion. D'où le soin qu'il prend à créer un univers aussi agréable que protecteur. La maison qu'il fait bâtir en 2006 dans le quartier « Conde de Orgaz », proche du Lycée français, est le symbole de ce que recherche le célèbre papa. Cette zone excentrée porte le nom de celui qui a inspiré l'un des chefs-d'œuvre du Greco, *L'Enterrement du comte d'Orgaz*, toujours exposé à Tolède. Mais Zizou n'est pas venu s'enfouir sous la terre, seulement créer son espace protégé. C'est sa dernière année comme joueur professionnel, et les soucis liés à la construction, les luttes incessantes avec l'architecte et le maître d'œuvre le perturbent tant qu'il en fait des insomnies. Et que l'absence de vrai et bon repos pèse parfois sur son rendement sur le terrain. Il avoue :

« Je me prends la tête avec tout ça ! »

Il plaisante souvent sur ses inquiétudes de maçon alors que les vrais tracas viennent surtout de son Real en déconfiture. Le résultat des travaux correspond finalement aux attentes de la famille et, le hasard ne frappant jamais par hasard, tel que le déclamait Jacques Prévert, la maison du bonheur s'érige comme une bâtisse à l'image de Zidane. Imposante, majestueuse, élégante et, surtout, cachée derrière de hauts murs. Quiconque passe devant la résidence ne peut imaginer une seule seconde que l'auteur des deux buts victorieux de la finale de la Coupe du monde 1998, ce Français si adulé, a installé là sa petite patrie personnelle. Un « Zidane land » dont le voyageur franchit difficilement la frontière. Juste derrière l'écrasante porte de fer, ce sont d'abord deux agents de sécurité, installés dans une petite cahute jour et nuit, qui attendent le visiteur et le conduisent, ici dans le bureau adjacent où travaille la secrétaire personnelle de Zinédine, là dans le jardin, là dans la maison. Au cours de ces dix-huit années, je fus admis plusieurs fois dans le premier, une fois dans le deuxième, jamais dans la troisième. Sérail infranchissable pour les non-intimes et au seuil duquel trône un magnifique mais énorme éléphant de bronze, ramené d'une tournée estivale du Real en Thaïlande, la trompe pointant vers le ciel, bien sûr. Le superstitieux footballeur ne plaisante pas avec les signes de bon augure.

« Le plus difficile, ça a été de le faire venir à Madrid. Quelle galère pour le transport ! »

Zidane en sourit encore. Quand il veut quelque chose, il s'en donne les moyens. Même topo pour la piscine, qu'il fera remodeler totalement parce qu'elle n'est pas parfaite. Question d'exigence avec les autres, mais surtout avec lui-même. C'est dans cet univers salvateur que les fils peuvent vivre en liberté et donner cours à l'accomplissement de leur héritage génétique, à ce don, à cette passion pour la pratique du football. Une partie importante du jardin familial est d'ailleurs occupée par un terrain de football en herbe synthétique verte, agrémenté d'un panneau de basket. C'est là qu'ils s'amusent, c'est là qu'ils apprennent aussi ce qui est en 2019 un métier pour les deux premiers, une promesse pour les deux autres. Père et professeur de football, professeur de football et père, Zinédine n'a jamais lutté contre l'ADN sportif de ses garçons ni leurs rêves de faire comme papa, mais – et Véronique fut toujours là pour y veiller – le « passe ton bac d'abord » a rythmé les saisons de foot et les années scolaires.

Entre deux portes du stade Santiago-Bernabéu un jour d'été de 2011, alors qu'il parraine le tournoi de football de son ami Franck Riboud, le grand patron du groupe Danone, Zizou m'annonce la bonne nouvelle :

« Enzo a eu mention bien...
— Félicite-le de ma part ! »

L'aîné a terminé le lycée en beauté, et celui qui ne fut pas bon élève afficha, à ce moment-là, dans ses yeux déjà si clairs, un peu plus de lumière encore. Pas une revanche, juste la fierté de clamer, à sa manière si calme, qu'un Zidane avait brillamment obtenu son bac.

Dans une petite fête réunissant les nouveaux diplômés et leurs familles, on le verra d'ailleurs une coupe de champagne à la main, lui qui ne boit d'habitude que de l'eau avec des bulles. Un tel événement méritait bien un petit écart. Pour les trois autres rejetons, les règles seront les mêmes et le football ne prendra jamais le pas sur les études. Zizou a vu tellement de jeunes joueurs doués se perdre en chemin, il sait combien les élus à la réussite au plus haut niveau ne sont pas pléthore, si bien qu'il exige de chacun de ses fils de s'assurer un bagage académique. L'idée que ses enfants deviennent des adultes oisifs vivant de l'immense rente paternelle lui est tout simplement insupportable. La transmission du goût de l'effort en devient cruciale et les règles de vie au quotidien sont assez strictes. Les petits Zidane ne revêtent pas les panoplies d'enfants gâtés. C'est un simple détail, certes, mais qui en dit long : le goûter se fait dans la cuisine et non pas dans le salon devant la télé, et chacun est prié de débarrasser son couvert. L'employée de maison assure le confort de tous mais n'est pas la servante de la marmaille. Les Zidane ont grimpé de classe sociale mais ne seront jamais des parvenus. Leurs enfants encore moins. Et si parfois Zinédine réserve une salle de cinéma entière pour les siens quand sort un nouveau film de chez Disney, le but n'est pas de jouer les milliardaires capricieux, mais simplement de pouvoir profiter d'une sortie tous ensemble sans être happés par une masse étouffante d'admirateurs, sachets de pop-corn à la main. L'intimité est souvent à ce prix.

« Chez nous, les choses se font en famille ou elles ne se font pas ! »

Véronique me l'expliquera très clairement lors de notre rencontre à l'exposition de photos de son mari à l'Institut français de Madrid. C'est dans cette chaleur familiale que le champion se réfugiera plus que jamais après la fin de sa carrière en juillet 2006, après l'épisode du fameux « coup de boule » et de son expulsion coupable en finale de la Coupe du monde à Berlin, face à l'Italie.

Pendant de très longs mois, Zizou restera terré dans sa tanière, seulement attiré vers le dehors par les matches de ses fils à la cité sportive du Real. Casquette vissée sur son crâne où le rasage impeccable est venu tordre le cou à une calvitie bien entamée, écharpe qui dissimule une partie de son visage, il observe depuis la tribune la croissance footballistique d'Enzo, de Luca et de Théo, alors que, bien évidemment, Elyaz marchera dans leurs pas dans les prochaines années. Bientôt Zizou fera la passe de quatre. Ses quatre fils en short et maillot de foot. Il aimera en plaisanter avec Luis Figo, son ancien coéquipier de l'époque des « Galactiques », cette période fabuleuse des années 2000 où le club merengue avait réuni en son sein les plus célèbres stars de la planète. Le Portugais a eu quatre enfants, il aurait rêvé de faire au moins un footballeur. Mais sa famille se compose de… quatre filles !

La rencontre professionnelle entre celui qui, ô surprise, est devenu entraîneur, et l'aîné de sa descendance va se produire en 2014 alors que Zinédine a pris les rênes du Castilla, l'équipe réserve du Real qui évolue en troisième division espagnole. Une certaine presse malintentionnée osera dire, par méconnaissance ou par jalousie, que l'ancien capitaine des Bleus a choisi de revenir sur les terrains poussé par l'urgence de sauver Enzo, prétendument en difficulté dans sa jeune carrière. Réflexion ridicule et tellement éloignée de la réalité.

Le 14 novembre 2014, lors d'une rencontre de championnat contre l'UB Conquense, modeste club de la Mancha, la terre de Don Quichotte, Enzo s'échauffe près du poteau de corner tout en jetant avec angoisse et désir des petits coups d'œil vers le staff technique dirigé par son père. Le match entre dans ses dernières minutes et, soudain, une main l'appelle. Le premier de la fratrie Zidane comprend qu'il va débuter dans une équipe professionnelle et serre très fort le poing droit en accourant vers le banc des remplaçants. Je crois entendre un « yesssss » qui s'échappe des lèvres du gars de 19 ans. Ce n'est que de la troisième division, ce n'est que devant quatre cents spectateurs, ce n'est qu'un tout petit bout de match, mais le moment prend des allures historiques. Zidane père lance Zidane fils dans le grand bain. Je suis là dans la fraîcheur de cet automne castillan et je contemple, non sans une certaine émotion, ce qui ressemble à un passage de témoin, plus qu'à une passation de pouvoir. Mon père à moi est mort subitement alors que j'avais 13 ans. J'envie ce cérémonial, cette transmission, cet adoubement que je ne connaîtrai jamais. Je repenserai parfois à cet épisode simple et beau en observant le garçon Zidane sur un terrain, sous différents maillots. Des années après. Alors c'était donc ça, l'amour d'un papa et la confiance innée en son gamin ? Alors c'était donc ça, la version concrète du « tu seras un homme, mon fils » ?

Le bonheur d'Enzo à ses premiers pas sur la pelouse du stade Alfredo-di-Stéfano, l'enceinte de l'équipe B, contraste fortement avec le calme et la concentration de Zizou. J'apprendrai plus tard de la bouche de Zinédine que le père a retardé le plus longtemps possible ce qui était cependant une évidence tactique pour l'entraîneur. Par peur du qu'en-dira-t-on. Par crainte d'être taxé de népotisme. Bien que le talent du jeune homme, loué par tous ses formateurs, soit indéniable et son attitude trempée d'humilité.

> « Je sais que j'ai été injuste avec lui. De par son travail et son implication, de par son rendement, il méritait de jouer plus et plus souvent.
> — Et pourquoi, Zizou, t'es-tu retenu de cette manière ?
> — Eh bien, parce que les gens… Enfin, tu comprends ce que je veux dire. »

Des reproches fuseront la saison suivante quand Enzo recevra des mains de son papa entraîneur le brassard de capitaine. Un choix paternel et tendre que les insensibles auraient dû comprendre ? Rien de tout cela. Uniquement le respect à la lettre de la tradition madrilène où le plus ancien au club devient le dépositaire de cette fonction. Et il se trouve qu'Enzo, qui arbore l'uniforme blanc depuis ses 9 ans, remplit cet immuable critère.

Une fois entraîneur de l'équipe première du Real, Zidane aura moins de réticence à convoquer son fils aux entraînements et même à le faire jouer sur la pelouse du stade Santiago-Bernabéu en seizième de finale de la Coupe du Roi, en décembre 2016. La belle entrée en jeu d'un Enzo très élégant et efficace tuera dans l'œuf toutes les tentatives de critique de ceux qui attendaient et espéraient l'échec, fusil dialectique chargé à portée de la main. « La jalousie est le sport numéro un en Espagne, bien avant le football », m'avait expliqué un jour le célèbre joueur du Real Raúl González.

Zizou l'avait vite découvert. De ce côté-ci des Pyrénées, le jaloux n'envie pas la belle voiture de son voisin, il souhaite avant tout que son voisin ne possède pas de belle voiture. Triste constat. La joie de l'autre peut blesser les aigris. Zidane n'y songera même pas quand il emmènera Enzo à deux finales de Ligue des Champions, à Milan en 2016 et Cardiff en 2017, sans que personne ne puisse y trouver à redire. Publiquement du moins. Même chose pour Luca, troisième gardien dans la hiérarchie, embarqué en 2018 pour le match au sommet de Kiev. Le fait de jouer avec les mains et non les pieds devait-il protéger le deuxième de la fratrie des comparaisons tellement cruelles avec le jeu du père, éternel et légendaire milieu de terrain ?

> « Peu importe. Le nom Zidane est là. Toujours là. Et dur à porter. »

La réponse que donne Zizou à ma réflexion quelque peu innocente sur son deuxième fils est limpide. Il ne se fait aucune illusion à ce sujet. Ses fils seront marqués à jamais du sceau du soupçon de favoritisme et de cette tendance à d'abord jauger et juger leurs performances à la lumière du glorieux passé paternel. Et c'est Enzo qui, le premier, prend tout en pleine face. C'est lui qui essuie les plâtres et, en quelque sorte, protège ses petits frères. De par ses caractéristiques techniques et physiques, de par son poste de meneur de jeu qui font de lui le presque clone footballistique de son géniteur. Même dans cette souffrance athlétique qui l'empêche d'être performant 90 minutes durant. Zizou n'a jamais été une bête de résistance au cours de ses dix-huit ans de carrière de joueur. Enzo a hérité de cette relative déficience du père et d'une pression monstrueuse. Et puis ce prénom italien qui n'est pas fait pour alléger les choses. Enzo, parce que l'idole absolue de papa se nomme Enzo Francescoli, attaquant uruguayen qu'il admira au stade Vélodrome de Marseille sous le maillot de l'OM au début des années 1990. « Je ne regardais pas les matches, je ne regardais que lui », confiera Zizou à maintes reprises. Un footballeur si élégant qu'on le surnommait « le Prince ». Rien que ça. Enzo avait déjà changé de nom, il n'allait tout de même pas toucher à son prénom... Même si le bagage était un peu lourd à soulever.

> « À un moment il fallait que je sorte du Real. »

Enzo n'y va pas par quatre chemins, alors que nous nous sommes assis au bord du terrain d'entraînement du Rayo Majadahonda en cette matinée ensoleillée de septembre 2018. Le garçon a rejoint ce petit club de la banlieue de Madrid, évoluant en deuxième division, quelques semaines auparavant. Prêté par l'équipe suisse du FC Lausanne où il avait évolué six mois après un passage raté avec Alavés, à Vitoria à l'été 2017. Ce départ vers la capitale du Pays basque fut aussi nécessaire que douloureux. L'oiseau avait quitté le nid, son club de toujours et le domicile familial. Il avait entaillé le cordon. Enzo m'explique :

> « Il était temps que je découvre des choses et des gens différents. »

Je m'étais approché de lui après la session d'exercices avec ses coéquipiers pour une petite interview qui allait paraître dans *L'Équipe*. Fait extrêmement rare pour celui qui n'aimait guère s'épancher et qui tenait poliment mais fermement les journalistes à distance. Lui aussi avait appris à se protéger. Comme papa. Je me souviens encore de l'incessant ronronnement des moteurs des appareils photographiques quand Enzo, alors au sein de l'équipe junior du Real, avait disputé à Paris contre le PSG une rencontre de la *Youth League*, la Ligue des Champions des jeunes joueurs. Un tel match aurait normalement attiré deux ou trois reporters au grand maximum mais la présence du « fils de » avait violemment bousculé la donne. Jusqu'à l'indécence. Et il y avait eu, aussi, une cinquantaine de représentants des médias à Lausanne pour sa présentation comme nouvelle recrue du club local. Un record en adéquation avec la puissance du patronyme, bien plus qu'avec l'attente d'exploits sportifs. Les deux autres nouveaux joueurs assis à côté de lui n'avaient pas existé pour les visiteurs du jour. C'est comme ça, l'initiale Z attire tout sur elle. Le bon et le mauvais. Enzo poursuit son récit :

> « Être qui je suis est toujours là, même si j'essaye de le mettre de côté. Alors je fais avec, je tente de construire ma carrière petit à petit[1]. Pour grandir… »

Il ne se méfie pas de moi, il se lâche quelque peu. Je suis porteur d'un précieux sauf-conduit, cette vieille relation de respect et de confiance avec son papa. Nous ferons même quelques selfies destinés à Zinédine avec dans mon WhatsApp ce message : « La saga continue ! »,

1. En juillet 2019, une fois son prêt au Rayo Majadahonda terminé, il a signé au Desportivo das Aves, club de la première division portugaise.

agrémenté d'un clin d'œil. Zizou répondra instantanément : « Magnifique ! », avec un sourire. Par pudeur, et ennui, je ne veux pas appuyer sur l'évidence, poser les questions faciles de tout le monde. Je veux parler de son métier de footballeur, de son avenir balle au pied, de son évolution technique et humaine. Je veux bavarder avec le sportif. C'est notre douce discussion qui l'amènera à la confession et à cette bonne nouvelle qu'il savoure. Dans ce club, personne ne lui prend la tête avec ses origines. Il le dit avec soulagement :

> « Ils sont très "cool" avec ça. Ici je suis seulement Enzo, je suis très à l'aise et le groupe est sympa. »

Il faut dire qu'Antonio Iriondo, son coach et vieux routier du football espagnol, est là pour y veiller. Et pour l'aider à se débarrasser de quelques réflexes de garçon modèle. Le technicien me l'explique clairement :

> « Il est tellement discipliné qu'il doit savoir se lâcher, oublier les consignes de l'entraîneur et se libérer. »

Conséquence de cette éducation bien structurée reçue à la maison ? Peu de doutes sont possibles. Les fils Zidane ne roulent pas des mécaniques. Une première victoire pour Zinédine et Véronique.

Chapitre 3

SMAÏL, L'HOMME AU COSTUME GRIS

C'était en janvier 2004, le Real avait déménagé dans la banlieue de Madrid le temps de faire construire son nouveau centre d'entraînement et s'exerçait à Las Rozas, à une bonne vingtaine de kilomètres de la capitale. Les installations de la Fédération espagnole de football accueillaient quotidiennement l'équipe des « Galactiques », alors les joueurs les plus célèbres que l'on puisse trouver.

Il faisait souvent froid, l'air des montagnes environnantes, la fameuse *sierra*, descendait brutalement. C'est ce jour d'hiver que j'ai commencé à comprendre qui était vraiment Zinédine Zidane. Comme chaque matin à cette période, j'assistais aux exercices dirigés par le coach portugais Carlos Queiroz quand j'aperçus un petit monsieur solitaire. Il s'était assis sans bruit sur les gradins bleus déserts pour observer les jeux de balles et les courses à pied. La forte sécurité de l'endroit et la nécessité de montrer patte blanche pour y accéder ne laissaient aucun doute sur sa relation directe avec un membre du club merengue. Il ne semblait pourtant pas espagnol. Pas assez sûr de lui pour cela. Je l'observais durant quelques minutes et je finis par deviner. C'était monsieur Zidane père, Smaïl de son prénom. Le premier contact raté trois ans auparavant avec Véronique, sa bru, ne m'avait pas échaudé. Que voulez-vous, j'aime les êtres humains ! Je n'ai pas épousé cette noble profession de journaliste pour sauver la planète ou donner des leçons de bien-pensance comme l'estiment nécessaire certaines plumes autoproclamées. Même pas pour voir le nom de mes ancêtres imprimé avec une encre qui tache les doigts. Non, je suis devenu reporter car telle est la meilleure excuse que j'ai trouvée pour rencontrer des gens.

« Bonjour, monsieur Zidane. »

Je me présente et tends la main au géniteur de l'objet de toutes mes obsessions, de ce personnage qui occupe mes journées, mes soirées et mes songes nocturnes. La petite chemise bleu pâle de Smaïl est recouverte d'un gilet aux mailles bien marquées, le tout sous un costume gris quelconque aux manches légèrement élimées. Cet habit a vécu. Le monsieur aussi. Son sourire est resplendissant de gentillesse et de réserve. La poignée de main naturelle, assez forte pour souligner la sincérité, assez douce pour ne pas chercher à dominer ce nouvel interlocuteur qui s'est détaché de la meute de journalistes. Je ressens d'emblée de la tendresse pour cette belle personne dont les rides ne parviennent pas à attaquer le regard fort. Les lunettes me semblent d'une grande banalité, un peu usées aussi, outil de vision sans aucune recherche esthétique. Je saisis tout de suite. Je m'adresse à la simplicité. Quel immense abîme entre l'homme que je viens de rencontrer et le retentissement brutal du nom qu'il porte et qu'il a transmis à son fils Zinédine trente ans auparavant. Zidane. Ces six lettres cognent sur les cinq continents.

Les premiers mots qui vont sortir de la bouche du papa de l'icône sont posés, simples, et pourraient passer inaperçus dans un autre contexte. Ils vont me remplir d'une sorte d'effroi.

« Ah c'est vous qui écrivez sur mon fils ? Monsieur, soyez gentil avec lui dans vos articles, s'il vous plaît ! »

Dans mon crâne, les phrases se bousculent. J'ai envie de lui crier : « Mais votre fils c'est le mec qui a mis deux buts en finale de la Coupe du monde ! C'est une idole interplanétaire ! Mes pauvres petits articles, qu'est-ce que ça peut bien faire ! » Mes lèvres restent scellées. Tant de respect et de modestie me désarçonne. J'ai toujours joui d'un ego bien accroché, mais cette violente importance que monsieur Zidane m'accorde me fait vaciller. Je ne m'attendais pas à de la suffisance de sa part, bien entendu que non, mais tant de déférence me glace.

Smaïl s'exprime encore comme lors du premier match de son garçon, avec cette impression que rien n'est définitif. Ses mots patinés d'humilité disent sa peur que tout s'arrête avant qu'il ne puisse y croire vraiment. Incrédule face à tant de gloire apparue comme par enchantement. Crainte du trop beau, du trop riche, du trop grand. Et si, un jour, il fallait payer pour tout cela ? Et si tout disparaissait d'un coup ? Et si ce bonheur s'évaporait comme il était venu ?

« Soyez gentil avec lui dans vos articles, s'il vous plaît, monsieur. »

Quinze années plus tard cette requête me fait encore frémir. Et je revois sa moustache grise impassible au-dessus des lèvres. Elle n'a pas vibré, tant les mots furent distillés avec calme et douceur. Monsieur Zidane me raconte :

« Depuis le tout premier article sur Zinédine dans *L'Équipe*, je collectionne tout ce qui a été écrit dans votre journal. Je ne découpe pas, je prends toute la page où l'on parle de lui, même si c'est un simple petit écho. Et je la mets dans des classeurs en plastique que j'ai fait spécialement fabriquer. Au bon format. »

J'écoute Smaïl avec délectation, j'entends sa fierté discrète, sa joie à peine avouée. Les petits détails du cérémonial racontent tant de choses. Je me tais et j'apprends. Je découvre le père pour mieux connaître le fils. Il poursuit :

« Chez nous c'est devenu une tradition. J'achète *L'Équipe* mais mes garçons me le ramènent aussi pour être sûrs que je ne vais rien rater. Alors je me retrouve parfois avec trois ou quatre exemplaires du journal. »

Père archiviste qui conserve chacune des traces écrites des exploits de son célèbre rejeton. Manière de posséder, saison après saison, les preuves physiques que tout cela n'est pas une illusion. Que Zinédine, le petit gars de Marseille, le cadet de la famille de cinq enfants que Smaïl a bâtie avec Malika, est réellement devenu footballeur professionnel. Qu'il vit, et même très bien, de ce métier si étrange. Que le fils d'un Algérien ayant émigré en France, comme tant d'autres, a été, lui, élevé au rang de héros de la République. Qu'il est désormais le symbole de l'intégration, de ce « Black Blanc Beur » qui prétend faire écho à l'emblématique « bleu blanc rouge » et au « liberté égalité fraternité ». Qu'il a offert, l'espace d'une joie collective, la tendre illusion de l'union nationale dans un pays tiraillé par les divisions et menacé par le communautarisme. Le décalage semble si féroce entre la modeste vie promise à monsieur Zidane, la rudesse de son quotidien durant plus d'un demi-siècle et l'éclatante réussite de son dernier né.

Comment ne pas donner raison à cet homme ? Comment ne pas comprendre son besoin de signes d'évidence ?

Certains se frottent les yeux, d'autres se pincent le bras, papa Smaïl collectionne les bouts de papier.

Je saisis alors un peu mieux la raison pour laquelle Zizou a toujours eu un rapport à vif avec mon journal. Pourquoi chaque mot distillé dans les articles à son sujet ont pris, et prennent encore aujourd'hui, une dimension toute particulière. Que bien de ses mécontentements, de ses colères même, étaient en relation directe avec un titre ou une phrase écrits dans *L'Équipe*. Parce que le joueur savait que son père, qu'il vénère et craint, en avait été le lecteur de bon matin. Sorte de carnet de liaison du collège sur lequel les professeurs rapportent leurs griefs, leurs reproches et leurs éloges aux parents d'élèves. Mouchard où apparaissent les excès de vitesse et les sorties de route. L'angoisse de Zidane me semblait irrationnelle au vu de son âge, de son statut et de l'autorité qui émanait de sa personne en toutes circonstances. En rencontrant son père, je me rappelle qu'il est avant tout un fils et que les réflexes et inquiétudes des enfants ne les abandonnent que rarement une fois sonné l'âge adulte. Zizou n'était pas une exception. Ceci devait expliquer cela.

Le joueur devenu star ne pouvait décevoir son père. En fait, Yazid a toujours cherché à conquérir la fierté de celui que la vie a maltraité et qu'il respecte au plus haut point. Presque maladivement. Modèle définitif de ce que se doit d'être un homme digne de ce nom. Référence absolue qui marquera la ligne de toute sa vie. Qu'est-ce que la pression d'un match de football, un but manqué ou une entorse à une cheville devant les souffrances endurées par cet homme né en 1936 dans un village pauvre de la Kabylie, en Algérie ? Zizou le joueur ou Zizou l'entraîneur ne s'est jamais plaint, a accepté les coups sur le terrain, a parfois réagi violemment mais n'a jamais cherché d'excuses. Ses petits bobos personnels, ses obstacles à dépasser dans son métier devaient évidemment lui sembler bien légers face à la dureté de l'existence de son géniteur et protecteur.

Dans son autobiographie parue en 2017[1], Smaïl Zidane racontera que, quand il pense à son enfance, il éprouve « immédiatement une sensation de faim et de froid ». Terrible témoignage dont ses enfants, une fille et quatre garçons, ont été les premiers récepteurs. Il fallait qu'ils sachent coûte que coûte. Et il y en aura encore des épreuves à surmonter avant d'arriver à la tranquillité d'une retraite que le succès économique de Zizou permettra d'être plus confortable que prévu. Beaucoup plus. Mais sans excès. D'ailleurs, Smaïl et son épouse Malika ne quitteront pas Marseille et ne prendront qu'un peu plus de confort grâce à la maison que leur champion de fils leur offrira. Une belle demeure qui refuse le clinquant, qui rejette l'arrivisme. Faut pas jouer les riches quand on n'a pas (eu) le sou.

Monsieur Zidane était arrivé en France en 1954, l'année de cet hiver si froid qu'un prêtre nommé abbé Pierre avait lancé un appel en faveur des gens sans abri. Smaïl se souvient du message du curé. Il n'avait aucune qualification, que son courage et la force de ses bras, et travaillait comme ouvrier sur un chantier situé à la porte de Clignancourt, à Paris. N'ayant pas les moyens de se payer une pension aussi modeste soit-elle, il dormait dans

1. Smaïl Zidane, *Sur les chemins de pierres*, Éditions Michel Lafon, 2017.

un appartement en construction où l'humidité le faisait passer par des moments de calvaire.

Sa vieille compagne, la faim, n'était pas restée de l'autre côté de la Méditerranée et l'avait suivi jusqu'en métropole. Toujours dans ses mémoires, Smaïl décrira son repas fétiche de l'époque : un morceau de pain, deux portions de Vache qui rit et une banane. Ce chantier de la douleur et de la solitude, celui où le petit manœuvre algérien sans étude travaillait tel un forçat, se situait tout près de la plaine Saint-Denis. À deux pas même. Savoir que, quarante-huit ans plus tard, un stade majestueux arborant fièrement le nom de la France s'élèvera à cet endroit et que son dernier fils y deviendra le héros de tout un peuple me fait frissonner. Un soir de juillet, un Zidane a offert sa première Coupe du monde à la République française. Mais Smaïl ne l'a pas vu. N'a pas voulu le voir. Il poursuit son récit :

> « Je ne regarde pas souvent les matches. Cela me fait trop souffrir. J'ai peur qu'il se fasse mal, qu'il se blesse. Que quelque chose de grave ne se passe. »

Cela fait déjà un bon moment que nous sommes face à face alors que, dans notre dos, les joueurs du Real rentrent au vestiaire. Zizou va mettre encore au moins une demi-heure à sortir et à récupérer son père pour rentrer à la maison. Je pensais être un parfait inconnu, de qui il conviendrait de se méfier, mais ma signature dans le journal et ma voix dans le poste de radio ont rassuré Smaïl. J'apprends de sa bouche que ce soir du 12 juillet 1998, seuls Véronique et Enzo sont présents au Stade de France pour la finale contre le Brésil. C'est dans la maison du patriarche, celle offerte par Zizou, que toute la famille est réunie avec quelques amis pour suivre la rencontre à la télévision. Luca, qui est né deux mois auparavant à Aix-en-Provence, a été confié à ses grands-parents Smaïl et Malika. Le papy fuit l'événement et l'excitation collective. Quelques invités se sont rajoutés. Il préfère s'asseoir dans le jardin avec, dans ses bras, le nouvel arrivé du clan. Le petit bébé dort et son papa s'apprête à bouleverser l'histoire du sport français. Monsieur Zidane a fait tout ce qui était en son pouvoir pour emmener Yazid vers sa nouvelle vie, il ne peut plus rien désormais. Le sort en est jeté. Au footballeur d'accomplir sa mission avec dignité. C'est Noureddine, troisième de la fratrie, qui a la délicieuse charge d'annoncer coup sur coup les deux buts du petit frère et la victoire finale. Smaïl est un homme très croyant. Il remercie Dieu.

Cette aventure romanesque aurait fait un beau scénario pour un de ces films américains empreints de destins exceptionnels et qui se terminent toujours par une *happy end*. Mais c'est au pays de Victor Hugo, d'Émile Zola et de Jules Ferry que cette histoire s'est écrite. Même le plus optimiste des êtres n'aurait osé imaginer un tel renversement. Rêver que ce lieu de souffrance et de solitude se transforme un jour en l'écrin du succès absolu de son enfant ne pouvait effleurer son âme gelée par l'hiver français le plus froid du siècle. Et encore moins en tant que footballeur, lui qui n'avait jamais touché à un vrai ballon dans son enfance et qui tapait avec ses pieds nus dans un amas de chiffons roulés en boule. Dans la préface du livre de son père, Zizou parlera des mains agiles de Smaïl qui massaient ses muscles de petit garçon après les matches. Les membres usés par le dur labeur trouvaient alors une autre mission. Papa soulageait Yazid sans parler et sans savoir qu'il le préparait à devenir le plus élégant, le plus fort et le plus grand joueur du monde.

Du tout petit et du plus naturel jusqu'au plus haut et au plus inattendu. La grandeur de la France qui se trouverait, l'espace d'une Coupe du monde, quelques origines kabyles. Revanche sur cet accueil glacial, dans tous les sens du terme, que le pays lui avait réservé ? Jamais ce sentiment n'a effleuré le cœur de Smaïl Zidane. Tout le contraire. Je l'ai senti reconnaissant envers ce pays qui a offert cette chance de la croissance sociale, ce pays où les courageux peuvent fournir un avenir à leurs enfants, ce pays où l'impossible devient réel même quand on porte un nom maghrébin. Contrairement aux dires salement intéressés des racialistes de tous poils.

Aimer, admirer et remercier la France ne signifie pas pour autant renier ses origines et regarder avec indifférence, voire dédain, vers l'Algérie natale. Et il est, dans ce sens, un sujet d'une dramatique sensibilité qui me fera découvrir, en 2002, le visage le plus froid et le plus dur de Zizou. Quelques mois avant le Mondial organisé en Corée du Sud et au Japon, et la présidentielle qui verra Jean-Marie Le Pen atteindre le second tour face à Jacques Chirac, Bruno Gollnisch, l'un des dirigeants les plus puissants du Front national, laisse entendre à la télévision que le père du footballeur est un harki. C'est-à-dire un Algérien ayant servi au sein des troupes françaises durant la guerre d'indépendance, conflit armé qui ne disait pas son nom, et qui s'est déroulé entre 1954 et 1962. Cette « accusation » sur le passé de Zidane père n'était pas nouvelle mais revenait très fortement en cette période de tension électorale. Après un entraînement, nous sommes quelques-uns à l'attendre pour tenter de recueillir une réaction de sa part. Zidane ne se défile pas et apporte le démenti que nous espérions :

« Je veux préciser une bonne fois pour toutes que mon père n'est pas un harki. Je ne veux pas me mêler de ce qu'il se passe et n'ai absolument rien contre les harkis mais mon père n'en était pas un. C'est tout. »

Dans un réflexe de journaliste honnête qui cherche à aller au bout des choses pour éviter tout malentendu, Antoine de Galzain, alors correspondant de Radio France à Madrid, lui pose une question qui a le don d'énerver Zizou.

« Mais que voulez-vous dire précisément par là ? »

Le regard que le joueur du Real lance à mon collègue, un vieux copain connu plus de vingt ans auparavant à Fréquence Nord, la locale lilloise de la radio publique française, est brutal. Zizou fait peur. Jamais je n'avais décelé une telle violence en lui dans une discussion. Le joueur s'exclame :

« Mais quoi, tu n'as pas compris ?

— Moi oui, mais il faut que les auditeurs saisissent bien votre message.

— Eh bien mon père n'a jamais combattu contre son pays. C'est clair ? Mon père est un Algérien fier de l'être, et moi je suis fier que mon père soit un Algérien. »

Des mots repris par tous les médias qui ne seront pas du tout appréciés par la communauté harkie. Logique. Le sujet est grave en lui-même. Extrêmement grave pour Zizou puisqu'il touche à l'honneur de son idole, de son modèle, de son guide. Accuser son papa de trahison envers sa patrie lui paraît insupportable et je sens que là se dessine l'une des nombreuses frontières que Zinédine ne laissera jamais franchir. J'apprendrai petit à petit à déceler les autres. Smaïl est intouchable. C'est tout.

La crainte de décevoir ce père sera au centre de tout ce que Zizou va construire. C'est réellement de cette manière que je l'ai ressenti. Il n'y aura pas de mots de reproche dans ces moments difficiles que la notoriété et l'exposition médiatique exacerberont. Papa Smaïl ne demandera pas d'explications à son cadet. Même après le fameux « coup de boule » de la finale France-Italie. Michel Drucker, qui fut un temps très proche de monsieur Zidane, me racontera en 2007 à Madrid que l'après-Mondial 2006 fut particulièrement violent pour Smaïl :

> « Les volets de la maison furent même fermés durant des semaines. »

Mais le père du champion sut pardonner comme la France sut pardonner. Très vite. Définitivement. Dans le fond, était-ce vraiment si grave ?

J'ai souvent repensé à monsieur Zidane lors des succès de Zizou l'entraîneur, à sa fierté, à sa joie. Et aux centaines de kilogrammes de coupures de journaux qui se sont accumulés depuis notre première rencontre.

> « Soyez gentil avec mon fils, s'il vous plaît, monsieur. »

Non, je ne suis pas devenu méchant avec le rejeton. Pas besoin. Je demande parfois à ce dernier des nouvelles de son papa. « Ça va », me répond-il inlassablement. Je le revois aussi sur la photo de profil du WhatsApp de

Zinédine. Il est assis au bord d'un bateau pneumatique, entouré de ses enfants et de ses petits-enfants. Le pantalon remonté en haut des cuisses et les pieds dans l'eau. Il semble apaisé et Zizou sourit. Smaïl fait un signe de la main. Il a réussi sa vie.

Chapitre 4

Yazid, une enfance marseillaise

C'était au début du millénaire et la technologie faisait des ricochets. La musique, à l'époque, s'écoutait avec des lecteurs de CD et Zidane jouait encore au ballon.

Je monte dans la voiture du footballeur. Nous partons ensemble en direction d'un studio d'enregistrement situé au nord de la capitale espagnole. L'auto est confortable et Zizou conduit prudemment. En plein montage du film *Zidane, un portrait du 21e siècle*, pour lequel je suis le conseiller spécial des réalisateurs, nous devons travailler ensemble sur quelques voix off. Une petite demi-heure de route nous sépare du lieu de rendez-vous. Dès qu'il a mis le contact, la mélodie s'est enclenchée. C'est Francis Cabrel, le chanteur préféré de la star. L'album n'est pas du tout récent, les airs sont très connus. Nous sommes dans les grands classiques. Zizou raconte :

> « À 15 ans je n'écoutais que lui. Tout le temps. Quand je l'ai rencontré par la suite, cela m'a vraiment fait plaisir, un peu bizarre aussi. »

Zizou sourit tendrement en me relatant cette passion que très peu de gens connaissent. Je ne savais rien de ses penchants musicaux, je les découvre à ce moment précis, assis sur le siège passager. Pas de raï, musique très prisée dans les années 1980-1990 par les jeunes d'origine algérienne. Pas de rap non plus alors que MC Solaar faisait un tabac avec son « as de trèfle qui pique ton cœur ». Eh oui, le fils de Smaïl et Malika préférait les mots sculptés et les grattements de guitare sèche venus du Lot-et-Garonne. Au même âge, moi je prenais plutôt du Léo Ferré en intraveineuse parce que la « mélancolie est un désespoir qui n'a pas les moyens » et que « ce n'est pas le mot qui fait la poésie, mais la poésie qui illustre le mot ». Léo fut la première interview de ma vie. J'avais 20 ans pour tout bagage et les dizaines et dizaines d'entretiens et reportages qui allaient, par la suite, alimenter ma carrière ne pèseraient finalement pas grand-chose. C'est comme ça. Le Graal ne s'atteint qu'une seule fois. La première. Parce que c'est la première, justement. Zidane me le fera comprendre le jour où il me racontera un match mythique sous le maillot des Girondins de Bordeaux, un exploit contre le grand Milan AC qu'il considère plus marquant, plus brûlant dans sa mémoire, que la finale de France 98. C'est tout dire.

Son goût affiné pour la vraie chanson française me rend Zizou encore plus intéressant et sympathique. Sur certains sujets essentiels comme la musique, le champion du monde est aussi franchouillard et vieux jeu que moi. J'aime ça. Je l'imagine dans sa chambre d'adolescent, un casque de walkman sur les oreilles en train de placer une cassette double face. Sur l'étiquette à coller, il a écrit « Cabrel, mes chansons préférées ». Je le vois avec une bonne touffe de cheveux sur la tête, allongé sur son lit une place, fredonner les vers et rêver à ces choses de l'amour que l'homme du Sud-Ouest sait si bien conter.

> « Elle écoute pousser les fleurs, au milieu des bruits des moteurs… »

C'est la voix de Zidane qui me tire de mes divagations. Le voilà qui accompagne Cabrel dans la voiture. Le chant du footballeur me semble plutôt juste, même si l'accent de Marseille ne colle pas vraiment à celui du père Francis.

> « Quand l'hiver arrive, elle ferme ses livres et puis doucement elle s'endort… »

Il la connaît par cœur. Comme tant d'autres petites merveilles que le créateur de *L'Encre de tes yeux*, cet artisan des mots jolis, a déversées sur la France depuis toutes ces années.

> « Quand j'arrive à m'enfuir. C'est chez elle que je vais dormir. Et c'est vrai que j'ai peur de lui faire un enfant. »

Il fixe le bitume, tourne le volant et passe les vitesses instinctivement. Quand il retrouve Cabrel, son compagnon des routes adolescentes, Zidane n'est plus Zidane, n'est plus Zinédine, n'est plus Zizou. Quand la dame de Haute-Savoie murmure à son oreille, Zidane redevient Yazid, le dernier né d'une famille de cinq enfants. Celui qui n'aimait pas beaucoup son premier prénom et qui demandera très vite à ses proches de l'appeler par le deuxième.

Au cœur de l'identité de celui qui a vu le jour le 23 juin 1972 va se dessiner une séparation presque physique, un fossé même. Dans la vie du célèbre footballeur et entraîneur, il existe deux sortes de visiteurs, deux classes sociales bien distinctes, deux statuts immuables. D'un côté il y a ceux qui disent « Yazid » et puis il y a les autres. Et ça ne changera jamais. Je l'interroge :

« Comment dois-je m'adresser à toi ? »

Au tout début de notre relation, à l'été 2001, j'étais rapidement passé au tutoiement, coïncidence générationnelle et coutume espagnole obligent, mais cherchais le nom le plus pratique pour des échanges que je savais devoir devenir nombreux et intenses. Il me répond :

« Zizou. Zizou c'est bien. J'aime bien que, dans le foot, on m'appelle comme ça. »

La distance était marquée d'entrée. Pas extensive. Juste bien précisée, comme ces bornes en métal posées dans la terre pour délimiter les champs. J'allais apprendre au fil de mes rencontres postérieures avec les membres du clan zidanien le signe distinctif, le sceau d'authenticité que représentait le simple fait de pouvoir interpeller ZZ d'un « Yazid » ou d'un « Yaz ». Privilège de la durée, de la constance et de l'appartenance à une époque bien déterminée. Celle de l'avant. Avant l'éclatement à la lumière, avant le football professionnel, avant les premiers trophées et, surtout, avant le 12 juillet 1998.

Yazid, donc, est le cadet d'une fratrie de cinq enfants. Il est précédé par Madjid, Farid, malheureusement décédé en juillet 2019, et Noureddine. Lila, la seule fille, naît en 1969, trois ans avant lui. Il n'est pas le seul doué pour le football puisque son frère Noureddine, très technique lui aussi, est repéré à l'âge de 14 ans par un recruteur de l'AS Saint-Étienne. Mais quand la proposition de rejoindre le centre de formation du club des « Verts » arrive sous les yeux de Smaïl Zidane, le père de famille refuse de laisser partir son troisième fils, estimant qu'il est bien trop jeune pour s'envoler si loin de la maison. Une chance, une opportunité unique de tenter une carrière de sportif professionnel, qui sera accordée quelques années plus tard par le patriarche au seul Zinédine. Le grand frère, aimant, mettra un voile pudique sur ses regrets et deviendra un soutien essentiel à la croissance du « petit », il sera une sorte de bras droit, d'agent non officiel. Il prendra même soin, selon ses propres dires, de ne pas lui porter la poisse dans les rendez-vous décisifs. Superstition d'amoureux du ballon rond. Superstition de grand frère protecteur.

> « Un jour j'étais dans les gradins du stade pour un match important que disputait Yazid. Et il a perdu. Alors, depuis, je n'assiste plus à ce type de rencontres. »

C'est avec ces mots que Noureddine me confiera en 2006, quelques semaines avant la Coupe du monde en Allemagne, qu'il n'allait pas réaliser le déplacement pour les derniers pas de son frère sur un terrain de football professionnel. Pour l'ultime grand événement de sa somptueuse carrière. Mais juste avant, bien entendu, il ne fera pas défaut au bord de la pelouse du Santiago-Bernabéu, l'arène du Real, pour les adieux de Zizou à son public de Madrid. Moment déchirant d'un soir de mai qui devait réunir tous les membres de la famille Zidane, marmots compris. Apogée d'une épopée footballistique sous le maillot d'un club qui rayonne sur tous les continents. Real Madrid pour terminer, un quart de siècle après l'AS Foresta, l'US Saint-Henri et la SO Septèmes-les-Vallons. Ces petites équipes de Marseille où Yazid a appris, a grandi, a progressé. Et où il a reçu la protection d'éducateurs dévoués qui ont décelé en lui la petite flamme qui apparaît de temps en temps chez ces enfants que le talent a choisis. Comme ça. Presque par hasard. Des entraîneurs de gamins qui ont laissé dans la mémoire de Zizou des saveurs éternelles. Je le sais reconnaissant. Profondément reconnaissant. Il me raconte :

« Parfois après nos matches, et avant de nous emmener au Vélodrome pour aller supporter l'OM, notre coach nous offrait une grande pizza que nous partagions dans la joie. »

Le visage de Zinédine s'éclaire à la lumière des souvenirs de Yazid. Tout est encore là. En lui. Le champion du monde est aussi le résultat de ces rencontres avec les bienfaiteurs.

« Je te le dis, cette pizza avait le goût du bonheur. »

Une confession émouvante lors d'une discussion tranquille, assis tous deux sur le capot de sa voiture, qui me renvoie à ces mots prononcés par Zizou quelques mois auparavant. Nous avions comparé nos origines sociales. Moi le ch'ti français moyen, fils d'employés, petit-fils de paysans. Et lui cette enfance beaucoup plus rude que je ne le soupçonnais.

« Tu sais, Fred, quand à la maison il y avait un steak pour chacun, c'était jour de fête. »

Ça ne roulait pas sur l'or dans l'appartement de la place Tartane à Marseille, dans ce quartier défavorisé de la Castellane où s'agglutinaient des milliers de personnes, pour la plupart issues de l'immigration. Smaïl travaillait comme gardien de nuit dans le supermarché Casino du coin, Malika s'occupait des enfants. Sept bouches à nourrir avec un simple SMIC. Presque un exercice de mathématiques.

Mais le bonheur compensait les manques, la tendresse rétablissait les équilibres et la bonne éducation préparait le chemin. La tête haute. Pas très loin de chez moi, dans le nord de la France, une vieille expression populaire dit : « J'suis d'Armentières, pauvre mais fier. » Cela fonctionne aussi avec l'accent de Marseille. Le quartier, l'environnement étaient difficiles et beaucoup de jeunes garçons de la zone avaient trébuché. Aucun des fils Zidane. Les valeurs transmises par Smaïl et Malika furent une efficace protection que la pratique du football et du judo, l'autre sport apprécié dans la famille, ne firent que renforcer.

* * *

C'est sur l'esplanade au pied de son immeuble que Yazid joue à la balle. Inlassablement. Jusqu'à la nuit tombée. La relation entre le petit garçon et la sphère de cuir se fait chaque jour plus intime. Plus il va grandir, plus il va maîtriser ce globe, pour enfin dominer le monde. La balle qu'il caresse comme personne, avec une tendresse infinie, va finir par lui obéir. Il conquiert le contrôle absolu de son sport en devenant le maître de l'objet, cette boule envoûtante convoitée par tous. À force de mouvements répétés jusqu'à l'engourdissement.

Le grand public qui se délecte de l'aboutissement au plus haut niveau des footballeurs, qui envie leurs richesses, leurs honneurs et leurs privilèges n'a aucune conscience de ce qu'ils ont vécu tout au long de leur formation. De ces efforts parfois cruels réalisés des milliers de fois dans l'ombre par ces enfants qui rêvent de pelouses bien vertes et de stades hurlants.

Francisco José Carrasco, ancien attaquant du FC Barcelone et de la sélection espagnole, coéquipier du légendaire Diego Armando Maradona, me raconta un jour qu'au moment où ses copains jouaient aux billes ou, plus tard, sortaient draguer les filles, lui frappait la balle contre un mur. Durant des heures et des heures. Jour après jour. Parce qu'il était né droitier, ses entraîneurs l'obligeaient à fortifier son pied gauche de cette manière. Toujours le même geste, tel un ouvrier sur une chaîne de montage.

Zizou est passé lui aussi par le labeur qui accompagne le plaisir, par l'impérieuse obligation de polir le don reçu à la naissance. Par le besoin de compenser son manque de vitesse, de puissance et de résistance. À quoi peut bien servir un toucher de balle exceptionnel si l'on est incapable de parer la dureté de l'adversaire, de participer triomphalement aux duels de muscles et de faire face aux vices de l'autre ? Toute la vie qui s'ouvre devant le jeune Yazid lui réclamera, même au crépuscule de sa carrière de joueur professionnel, des entraînements supplémentaires, de faire mal à son corps, de bosser et encore bosser pour maintenir à flot un physique qui, au contraire de tout le reste, n'est pas supérieur à la moyenne. Et c'est l'école de football de l'AS Cannes qui va lui offrir la structure, l'encadrement matériel et humain, pour construire sur son immense talent la charpente du footballeur. Du vrai footballeur. De celui que Zidane lui-même baptisera si souvent par la suite « le compétiteur ». Parce que le plaisir du jeu, qui a dorloté ses premières années de parties de foot avec les copains, sera désormais concurrencé par un objectif supérieur : terrasser celui d'en face.

C'est Jean Varraud, le recruteur du club cannois, qui le repère lors d'un stage du CREPS d'Aix-en-Provence et qui propose au directeur du centre de formation, Gilles Rampillon, de venir superviser ce petit gars de Marseille aux qualités techniques époustouflantes. S'ensuit un essai d'une semaine, superbement concluant, puis la proposition officielle de rejoindre Cannes. En 1987, c'est le grand saut pour le jeune garçon de 15 ans, le début des possibles. Dans sa valise quelques larmes, quelques peurs et les recommandations de Smaïl.

> « Trois mots pour mener ma vie : travail, sérieux et respect. Mon père me l'avait ainsi transmis. »

Loin de chez lui, Yazid vit d'abord dans une famille d'accueil, comme l'avaient demandé ses parents. Puis il rejoint ce foyer de jeunes travailleurs où, en plus de Véronique, il croise une autre personne qui deviendra essentielle à son existence et à sa carrière : David Bettoni, un apprenti footballeur âgé d'un an de plus. Le grand public ne découvrira que de nombreuses années plus tard celui que Zinédine appelle simplement « Dav ». Quand le nouvel entraîneur du Real Madrid en fera son adjoint et son homme de confiance. Je l'ai connu en 2014, au moment de la troisième division avec l'équipe réserve madrilène, pour les premiers pas de Zizou comme coach principal. Le Marseillais avait alors contacté son pote lyonnais pour reformer dans un staff technique le duo de jeunes rêveurs de ballon qui s'était créé naturellement trente ans auparavant. Bettoni se souvient :

> « Pendant trois années au centre de formation de Cannes, nous avons tout fait ensemble. Du petit-déjeuner au dîner, des entraînements aux matches en

passant par les jours de repos. Nous avons même pris l'abonnement à Canal Plus à cinquante-cinquante. Yaz et moi étions inséparables. »

Le jour où s'amorce le printemps 2019, je suis assis dans le jardin de l'adjoint du coach madrilène, dans le quartier où réside Zidane. L'ami intime n'est jamais bien loin. Il me parle de son Zizou à lui. De ce destin partagé, de cette jeunesse cannoise où tout a commencé. J'aime beaucoup David, cet homme de l'ombre de la carrière de l'idole, ce fidèle parmi les fidèles, ce modeste et humble dans un milieu de pas modestes et de pas humbles. Lui aussi se jetterait du haut d'un immeuble pour Zidane. Pour cet amour si particulier et pérenne qu'on appelle l'amitié. Une histoire qui a débuté par des ampoules sous les crampons, premiers stigmates du métier qui rentre, et la nécessité de bains de pieds quotidiens imposés par le podologue du club.

« Yaz avait un bidet dans sa chambre et m'avait proposé de venir me soigner dans ses petits mètres carrés. Et c'est là que nous avons partagé le récit de nos vies. Moi le fils d'immigrés italiens, lui d'immigrés algériens, les mêmes difficultés pour joindre les deux bouts mais aussi les mêmes valeurs. Pour nous, venir à l'AS Cannes, à l'époque un vrai bon club de première division, c'était une possibilité unique de pouvoir aider nos parents. »

Deux adolescents qui n'aimaient pas les études, « une scolarité laborieuse », sourit Bettoni. Mais deux garçons soudés par l'envie d'apprendre, de se construire un avenir, de réussir dans le métier qu'ils avaient choisi. Zizou confirme :

« Il fallait que j'y arrive. Parce que c'est comme ça que j'allais rendre heureux mes parents qui étaient restés à Marseille. C'était moi, c'était ma vie, mais c'était le moyen de les rendre fiers. »

Il conserve le même souvenir de cette époque que son pote Dav et le clame encore plus fort aujourd'hui qu'il tutoie les sommets comme entraîneur, après avoir triomphé comme joueur. La responsabilité s'élance bien au-delà du simple désir personnel. Le garçon est timide, n'aime pas trop s'épancher face aux têtes inconnues, mais dès qu'apparaît la confiance, tout devient fluide et profond. Une caractéristique qui le poursuivra et que les affres de la notoriété et l'obligation de se protéger ne feront qu'accentuer.

Dans le privé, et dans la sécurité du groupe de copains où dominent numériquement les Marseillais, Yazid le chambreur amuse la galerie tant au foyer qu'au centre de formation. Sauf quand surgissent de nouveaux visages. Car c'est alors le retrait dans la chambre que le jeune apprenti footballeur s'impose instinctivement. Déjà à l'époque, il ressent le besoin de connaître, de jauger ses interlocuteurs, avant de se montrer tel qu'il est vraiment. Il n'oublie jamais qu'il est venu à Cannes pour grandir, pour réussir, pas pour se disperser. Rien ne doit perturber sa croissance. Et quand les amis de Marseille débarquent pour le visiter et s'amuser sur la Croisette, il rentre de bonne heure après une tournée d'eau minérale. Laissant les fêtards à leur virée nocturne et respectant minutieusement le décompte de ses heures de sommeil. Sans oublier les étirements, rituel immanquable, digne des prières d'enfants agenouillés devant leur lit. Un sportif doit croire en son corps et se reposer.

Lors d'un déjeuner en 2006 à la « cité sportive » du Real Madrid, Zidane me contera ces pièges de ses jeunes années qu'il sut éviter, les talents gâchés qu'il a côtoyés, les destins coulés, les espoirs déchiquetés :

« Je te promets, à Cannes, il y avait deux mecs encore plus forts que moi. Et aucun n'est parvenu à devenir professionnel. Ils se sont perdus. La faute aux mauvaises fréquentations, au manque d'hygiène de vie, à l'absence de chance un peu aussi. »

Yazid le mauvais élève des salles de classe de la cité phocéenne devient l'élément modèle à l'école de football de Cannes. Sérieux, discipliné, posé, méthodique. Respectueux des formateurs, des consignes, des horaires. Aucun problème sur le terrain, aucun problème dans le vestiaire. Bettoni l'explique :

« Et cette capacité d'écoute. Une puissante écoute. Yaz ne faisait pas qu'entendre, il écoutait. Quand un entraîneur lui disait de faire une chose précise, il l'appliquait sans jamais contester. On lui disait d'être à 11 heures sur le terrain, eh bien à 10 h 55 il était déjà là. C'était le respect de l'autre avant tout. Je sais que cela lui venait de l'éducation reçue à la maison. »

Dav est intarissable sur son tendre ami, sur ces jeunes années où tous deux recherchent constamment un cadre bien défini pour leur progression, des bordures qui marquent les limites et qui dirigent leur route vers le football professionnel. Avides de règles, demandeurs d'ordres. « Coach, qu'est-ce que je dois faire ? » jaillit aussi facilement de leurs bouches qu'un simple bonjour. Yazid accepte tout ce qui provient de l'autorité, même les sanctions éventuelles. Il ne remet jamais en cause les dires et les opinions des formateurs, même par-derrière. Le respect de celui qui détient le savoir et qui va transmettre est placé au-dessus de toute autre considération. Là encore, le « surtout ne pas décevoir » domine le quotidien. Le talent, aussi grandiose soit-il, ne peut suffire pour se bâtir une solide carrière. La culture de l'effort s'empare tant de son être que Yazid vient s'exercer les jours de repos alors que la charge de boulot, avec des doubles entraînements de deux heures, un le matin et un le soir, rythme déjà le calendrier de l'école de foot. C'est dur. C'est lourd. Étouffant parfois. Et pourtant l'ado de Marseille éblouit ses potes, et les autres, dès qu'il flirte avec la balle, dès qu'il entame la séduction de l'arrondi. À commencer par David :

> « La première fois que je l'ai vu jouer je me suis dit : "C'est pas possible ! Comment ce jeune mec peut-il déjà être si bon ? Comment fait-il pour danser autour du ballon ? Il n'est pas comme nous..." »

Zidane enchante le regard avec des gestes impossibles, avec ses contrôles hallucinants, avec ses passes millimétrées, avec cette roulette qui deviendra la marque de fabrique et que tant de faussaires tenteront de copier. Pas besoin de douaniers en képi pour les démasquer, l'original sera connu de tous les amoureux du foot. Mais il faut travailler le physique, car il manque de coffre. Alors le duo s'organise. Pour les exercices de résistance, c'est Bettoni, beaucoup plus athlétique, qui prend les rênes, et Zidane se place juste derrière pour profiter de l'élan insufflé par son camarade de classe. L'inverse pour les sessions de technique où Yazid excelle. Émulation partagée, qualités complémentaires qui se retrouvent aujourd'hui dans leur intense collaboration à la tête du Real Madrid. Guy Lacombe, qui était le directeur du centre de formation cannois à cette période, les reconnaîtra malgré les rides et la disparition de leurs tignasses. Au cours d'une récente visite dans la capitale espagnole, il jubile : « Vous n'avez pas changé. Trente ans plus tard vous jouissez de la même complicité, des mêmes réflexes », leur confiera l'entraîneur français, ému du chemin parcouru. Et d'y avoir contribué. Ce même Lacombe qui impose au Zinédine des années 1980 l'art du jeu sans ballon parce que « les footballeurs de la rue ne savent pas défendre », souligne Bettoni. Tout va très vite pour le petit génie travailleur qui observe les entraînements des pros de la première division avec envie. « Je veux faire comme eux ! » se promet-il à lui-même. La division d'honneur paraît bien modeste pour celui qui passe les étapes tel un cabri sautant de roc en roc et qui rejoint la troisième division tout en étant invité à participer régulièrement aux exercices des « grands ».

Puis, naturellement, viennent les débuts parmi l'élite, le 20 mai 1989. Douze minutes contre le FC Nantes, puis une saison de labeur sans revenir chez les pros, avant de s'installer définitivement dans l'équipe qui dispute le championnat de France et de signer enfin son premier vrai contrat. Entre-temps, il passe le permis de conduire avec Bettoni et deux autres pensionnaires du centre de formation. Reçu d'entrée au code et à la conduite. Pas anodin pour le futur proche. Parce que le président de l'AS Cannes, Alain Pedretti, est un homme joyeux, blagueur et joueur. Très attaché à ses footballeurs et à Zidane en particulier, il lui lance un défi :

> « Dès que tu marques ton premier but en première division, je t'offre une voiture ! »

Le 10 février 1991, Yazid lobe le gardien de Nantes, la balle entre doucement dans le but et donne la victoire aux siens. Pedretti tient parole et quelques jours plus tard lui remet les clés d'une Renault Clio rouge vif. L'automobile est toute neuve et le bonheur immense. Je me suis parfois demandé si la superbe Bentley verte qu'il achètera vers la fin de sa carrière de joueur lui a fait autant d'effet.

« Pareil, les deux furent un plaisir très spécial à un moment donné », me confiera Zizou plus tard.

Bien entendu, Bettoni fait partie du tour de piste inaugural du bolide rouge. Il en sourit encore :

> « Nous sommes montés dans la Clio et nous sommes baladés dans la ville de Cannes. Ça changeait son homme. On ne pouvait plus se foutre de sa gueule et de la Renault 12 break jaune pourrie de son père où s'entassaient dix personnes. »

C'est très loin de la Ferrari mais l'offrande du président prend des allures de conquête et de réconfort. Un autre bienfaiteur dans l'existence de Zidane que le footballeur, puis l'entraîneur, n'aura de cesse de remercier à leur manière. L'homme a de la mémoire, l'homme n'est pas ingrat. Avec, parmi les cadeaux de reconnaissance, deux places pour la finale de la Ligue des Champions, à Milan contre l'Atlético, et une embrassade la veille du match, quelques mois après son arrivée sur le banc du Real. Pedretti aime les premières fois. Zizou le sait mieux que quiconque. En plus, la victoire surgit au bout de la soirée lombarde.

Aujourd'hui ce n'est plus en Clio rouge qu'il retourne à Marseille mais c'est toujours avec le même bonheur. Le même besoin de rester accroché à son immuable vérité. Là-bas sont restés les parents, les frères et la sœur. Sont venus s'ajouter les conjoints, les neveux et nièces. Et puis ces vieux amis, à l'instar de Malek, frère d'âme depuis la toute petite enfance, employé municipal et conducteur d'un camion poubelle. Yazid de la Castellane, anobli par son attachement à la simplicité des êtres. À ceux qui lui ressemblent, à ceux qui ne l'ont jamais appelé Zizou, encore moins Zinédine. Même quand un portrait géant du champion du monde fut peint sur la façade de 143 mètres carrés d'un immeuble du centre-ville, face à la mer. Il m'avoue :

> « Si je repartais pour la France, je pourrais vivre à Paris, mais pas à Marseille. S'il n'y avait que mes proches ce serait simple mais là-bas, chez moi, l'amour des gens est trop grand, leur passion trop envahissante. Ce serait étouffant. »

Trop prophète en son pays, Zidane a appris à s'éloigner quand il le faut. Mais est-il vraiment parti ? Nul ne guérit de son enfance. Surtout pas lui, bien heureusement.

Partie 2

L'ARTISTE ET LE GUERRIER

Chapitre 1

UN JOUEUR TOUCHÉ PAR LA GRÂCE

Quatre mots pour définir une vie, un état d'esprit, une ambition. Quatre mots pour se faire comprendre d'autrui. Se faire connaître de celui qui le regarde, l'admire, l'affronte ou le craint :

« Je. Suis. Un. Compétiteur. »

Je ne possède pas assez de prédisposition au calcul mental pour quantifier le nombre de fois où Zizou a prononcé devant moi ces sept syllabes qui l'installent au cœur d'une place forte qu'il n'a jamais cessé de défendre. Carte d'identité d'un homme bâti pour le front de ludiques batailles, passeport pour une existence où l'autre est un obstacle à surmonter. Il ne peut en rester qu'un et il sera celui-là.

Zidane est déjà bien armé quand il arrive à Bordeaux à l'été 1992 après cinq années d'épanouissements progressifs dans le cocon cannois. Mais les Girondins marquent une petite révolution dans la toute jeune carrière du Marseillais puisqu'il n'est plus protégé par ses chers formateurs et doit justifier les 460 000 euros de son transfert. Minuscule somme au regard des actuelles transactions entre clubs d'élite, mais beaucoup d'argent à cette époque où il n'est encore qu'une simple promesse d'avenir et uniquement la troisième recrue derrière Éric Guérit et Jean-François Daniel. Un petit rajout, un simple pari sur un gars de 20 ans qui a tout à prouver. Christophe Dugarry, déjà joueur bordelais et qui le connaît des sélections de jeunes de l'équipe de France, prévient toutefois ses coéquipiers des qualités exceptionnelles de Zinédine. Stéphane Plancque raconte :

> « “Vous allez voir, c'est un phénomène”, nous dit alors Duga. Nous, surtout les vieux, on se méfie toujours car ça fait quinze ans qu'on est dans le métier et des supposés phénomènes, on en a vu passer un paquet. »

Le milieu de terrain, aussi passé par Lille, se souvient de cette époque avec une grande précision. Il est aujourd'hui membre du staff technique de Zidane l'entraîneur, en charge de l'observation et de l'analyse tactique des adversaires du Real. Un homme qui jouit de la confiance absolue de Zizou et de sa profonde amitié. Je connais Stéphane depuis une vingtaine d'années et pour la première fois ce monsieur doux et discret, le contraire du beau mais rude footballeur qu'il fut, accepte de partager ses souvenirs. Nous dînons d'une raclette de fromage à la maison en compagnie de Gautier Lekens, le vice-ambassadeur de France en Espagne, un diplomate que la passion du football a attrapé dès son franchissement des Pyrénées. Petites lunettes rouges, geste délicat et débit lent, Stéphane savoure le récit du premier jour du reste de sa vie, celui où est apparu cet être qui laisse sa trace, qui marque ceux qu'il croise. C'est le premier entraînement du premier rassemblement de la première saison de la carrière bordelaise de Zidane. Au programme un footing, des étirements, des exercices classiques et puis un petit match sur grand terrain de deux fois quinze minutes.

> « Et là, à la fin, mon coéquipier Didier Sénac vient me voir et on se dit : "Mais c'est quoi ce joueur !" Pas parce que Zizou avait cherché à nous en mettre plein la vue, mais au travers de ce qu'il avait montré dans ses prises de balles, ses déplacements, sa façon de sentir le jeu nous avions compris que nous étions face à un footballeur exceptionnel. Un futur énorme joueur qui savait déjà tout faire. »

Plancque me confie que le petit nouveau se retient dans ses gestes, se montre humble face à ceux qui l'accueillent. Conscient de sa précieuse technique tout comme de l'humiliation qu'une telle supériorité peut engendrer, il n'en rajoute pas. Il lui faut de nombreuses semaines pour prendre confiance avec le groupe et oser montrer l'éventail de son talent, de ses tours de magie footballistique. C'est beau et naturel. Mais cela devient aussi compliqué pour les coéquipiers durant les entraînements, notamment dans ces exercices de un contre un, les « oppositions » comme les dénomment les professionnels du ballon. Plancque explique :

> « C'est bien quand tu tiens avec lui mais un calvaire quand il est en face. Un jour il me fait le cirque, le carnaval, avec une roulette et autres conneries de ce genre. Là je lui dis : "Écoute, Zizou, va de l'autre côté sinon je te brise en deux !" en rigolant bien sûr, parce que c'est mon pote. »

Et Zidane de faire un clin d'œil à Plancque et de s'en aller à l'autre bout du terrain. Le vétéran de 32 ans ne l'aurait pas touché mais le jeune prodige ne veut pas accabler de misères techniques celui qu'il apprécie. Son génie déborde, lui respecte les anciens.

« Chez Zizou tout est fait pour que cela ait un sens, que cela soit efficace. Pas pour épater la galerie. Il invente des choses dans la demi-seconde alors que, juste avant, il ne sait sûrement pas ce qu'il va réaliser. C'est complètement de l'instinct. Et puis ses pieds, ce sont des flippers, impossibles à attraper. »

Stéphane sourit d'émerveillement, heureux et fier d'avoir pu partager ces instants de création pure, d'imagination céleste. Se sentant profondément complaisant avec l'audace et la grâce.

« De lui je l'ai accepté, seulement de lui. Parce que des mecs qui m'ont fait des petits ponts et des roulettes à l'entraînement… Trois secondes après ils avaient le genou dans le sac ! Mais lui c'était différent. Parce que cette forme d'humilité doublée d'un immense talent et d'une très forte personnalité l'ont fait adopter par tout le monde. On ne pouvait pas ne pas l'aimer ! »

Le compétiteur se fait chaque jour un peu plus visible. Criant d'ambition et détesteur d'échec. Zizou veut gagner, veut progresser, et son entraîneur Rolland Courbis, Marseillais comme lui, séduit comme tous les autres, l'implante dans l'équipe titulaire. Cette cour des adultes dont il ne sortira plus jamais de sa carrière ou plutôt qu'il quittera quand lui-même, et lui seul, l'aura décidé. Privilège du Roi qui abdiquera au sommet de son règne. Dans quatorze ans exactement. Pour le moment, sur les rives de la Gironde, il ne pense qu'à grimper. Bien entouré par ses deux compagnons de cordée, Christophe

Dugarry et Bixente Lizarazu, pour un trio qui retentira dans les graves et les aiguës en haut des Champs-Élysées un soir de juillet 1998.

Ne jamais oublier que l'histoire en bleu commence aussi dans les tons Bordeaux. Avec pour symbole de l'éclosion ce match clé de quart de finale de la Coupe UEFA, que l'on appelle aujourd'hui la Ligue Europa. Face au grand et implacable Milan AC, l'équipe bordelaise prend deux soufflets sur l'herbe italienne. Un résultat aussi sévère que rude à renverser. Les calculs de probabilité semblent néfastes et le terme hispanique de *remontada*, tant usité de nos jours, n'a pas encore été traduit. Qu'importe, au match retour, les garçons tentent le coup dans cet allant de joyeux désespoir que confère le « rien à perdre, tout à gagner » des outsiders. La partie des Girondins est fabuleuse et le retournement aussi surprenant que mémorable. Surtout que Zizou offre deux buts à son pote Duga pour un 3-0 final qui les propulse dans une autre dimension. Déjà un 3-0… mais sans la voix de Gloria Gaynor dans les oreilles !

Annonciateur d'avenir mondial, propulseur de futur proche transalpin, ce 19 mars 1996 se veut une date charnière pour celui qui, quelques mois plus tard, va rejoindre Turin. Ce soir-là, Zidane savoure le goût du triomphe comme la bête sauvage découvre le goût du sang. Il sait à ce moment qu'il ne pourra jamais plus s'en passer.

Le moment vient de signer à la Juventus pour un transfert de 5,3 millions d'euros. Ce club que les amoureux du football ont surnommé avec tendresse la « vieille dame » et qui sait apprendre tant de choses aux jouvenceaux qui ont l'honneur de l'approcher. Pour un joueur français habitué à la douceur du football de l'Hexagone, intégrer le *calcio* c'est, dans les années 1990, sortir violemment de l'adolescence, s'arracher à l'innocence. Et vomir littéralement ses tripes dès le premier entraînement. Zidane, comme tant d'autres, souffre le martyre lors du stage de préparation de début de saison. Été meurtrier des illusions du jeu de baballe. On n'est pas là pour s'amuser, on n'est pas là pour rigoler ni pour les figures de style. Ici on crache, ici on transpire, ici on pleure, ici on appelle sa maman, ici on prie pour que ça s'arrête. Et dire que tes tortionnaires ne veulent que ton bien… Zizou me l'expliquera en 2016 depuis sa chaire d'entraîneur du grand Real, quelques semaines après la conquête de la première Ligue des Champions. Assis dans son bureau avec vue sur la pelouse où il impose à ses joueurs une philosophie teintée de réflexes turinois. La cruauté en moins.

> « En Italie on nous mettait des charges de boulot de malade dans les premières semaines de reprise et les bénéfices se récoltaient durant toute la saison, surtout au printemps, au moment décisif où se jouent les titres. »

Ce n'est donc pas un hasard si, à ce moment, il vient de recruter pour Madrid Antonio Pintus, préparateur physique italien, croisé en son temps à la Juventus. Ses bénéfiques douleurs d'alors lui parlent aujourd'hui, lui indiquent la marche à suivre pour son Real.

Cette nouvelle dimension transalpine de Zizou, Plancque l'a vite comprise :

> « Bordeaux lui a permis de s'affirmer en première division de manière durable, de se bonifier, de se tonifier, de prendre confiance. De se préparer à cette

difficile Italie qui lui offre la gagne, la compétitivité extrême et qui le marquera à jamais. »

L'exil dans ce qui est, à ce moment, le grand pays du football ressemble à un Eldorado du surpassement et du mérite. L'intégration à cette nouvelle manière d'aborder le sport de très haut niveau prend logiquement un peu de temps mais les conséquences de l'abnégation et du travail seront délicieuses car, à la Juve, l'habitude veut qu'on remplisse ses vitrines de trophées. C'est aussi pour cela que le Français a franchi les Alpes. Il y retrouve un compatriote, Didier Deschamps, mais y rencontre surtout un grand entraîneur nommé Marcello Lippi qui le soutient particulièrement, le fait progresser et évoluer dans son positionnement. À Turin, Zizou, qui porte le 21 dans le dos, devient réellement un numéro 10, placé dans l'axe du terrain derrière deux attaquants. C'est beau, c'est chic, c'est prestigieux de se produire à cet endroit du dispositif. C'est comme avoir le premier rôle dans un film où, en général et parce qu'il s'agit du club le plus puissant d'Italie, une *happy end* est souvent au rendez-vous.

Zizou prend du plaisir, se montre performant, et les récompenses tombent. En cinq saisons à la Juventus, celui qui n'avait à son palmarès qu'une petite Coupe Intertoto[1] glanée avec Bordeaux remporte deux titres successifs de champion d'Italie, en 1997 et 1998, la Supercoupe de l'UEFA et la Coupe intercontinentale, en plus d'une autre Coupe Intertoto. Le milieu de terrain français passe les caps avec brio, il est désormais un grand joueur et parvient même à briser les certitudes

1. Compétition interclubs européenne aujourd'hui disparue.

d'importants et reconnus spécialistes. À commencer par l'immense Carlo Ancelotti, qui devient son entraîneur en 1999 :

« Zidane a radicalement changé mon idée, ma conception du football. Il m'a ouvert le monde de la tactique. En le regardant, j'ai compris qu'il fallait bousculer tous les systèmes pour installer ton meilleur élément là où il se sentait le mieux. »

Parole d'Ancelotti, parole d'un magnifique joueur devenu l'un des meilleurs coaches de l'Histoire, parole d'un sage qu'on écoute avec respect et admiration. Et devant un plat de *spaghetti alle vongole*. Carlo est, avec Philippe Montanier, le seul ami intime que j'ai dans le football. De ceux avec qui on vit des événements familiaux, de ceux avec qui on partage ses peines et ses questionnements, de ceux avec qui on oublie totalement le métier et la réserve de journaliste. Une chance rare. Celui qu'on nomme « Carletto » m'a invité à lui rendre visite à Naples où il réside depuis 2018 et dirige le club local, le si envoûtant Napoli. Nous sommes assis face à face dans un restaurant qui surplombe la mer.

« La bonne mozzarella doit être un peu dure à couper. C'est ainsi qu'on la reconnaît. »

Avec Carlo, la gastronomie ne supporte pas la médiocrité. Le football non plus. Alors il me parle de Zidane avec délice, avec gourmandise. L'entraîneur italien ne sait pas cacher ses émotions, un détail physique le trahit à coup sûr. Son sourcil gauche se relève ostensiblement sans qu'il puisse le contrôler dès qu'un sujet le touche.

Un peu comme le nez de Pinocchio. Sauf que Carlo ne ment jamais.

« J'ai tout de suite compris que Zizou était un joueur différent, très différent des autres. Sa manière de caresser le ballon était si spéciale que je l'ai vu réaliser des trucs extraordinaires. Je crois que les plus belles choses apparaissaient à l'entraînement quand il n'avait pas face à lui la dureté de l'adversaire. José Altafini, mythique footballeur du calcio, avait coutume de dire que Zidane traitait la balle comme on étale le beurre sur une biscotte, et c'est ce que je découvrais chaque matin. »

À la Juventus, Zizou régale tout le monde. Carlo me confie le professionnalisme du Français, son sérieux au quotidien, son respect des règles et des consignes.

« Pas le genre tire-au-flanc à s'inventer un coup de fatigue pour manquer un entraînement. Et je peux te dire qu'il y en a beaucoup qui rusent ! » sourit-il en terminant son verre de barolo, un vin rouge délicieux qu'il nous avait déjà servi à son mariage avec Mariann, en juillet 2014 à Vancouver.

Je le complimente pour le choix du millésime. Une discussion œnologique qu'il est tout simplement impossible de partager avec Zidane, tant sa relation avec les plaisirs de la table se veut froide et distante. Depuis ses débuts comme apprenti footballeur, il mange comme un moine cistercien et déjeuner avec lui me désole. Je l'écoute :

« L'énergie que mon corps dépense pour assimiler les aliments est une énergie que je n'aurai pas à ma disposition pour l'effort physique que demande ma profession. »

L'explication de sa frugalité que le champion français me donne en 2003 lors de notre premier repas ensemble me semble compréhensible quoiqu'un peu exagérée. J'apprendrai plus tard, au fil de conversations avec des nutritionnistes du sport, que Zizou était dans le juste et même déjà un peu en avance sur son temps. Dans une pièce à l'écart d'un restaurant argentin situé dans le quartier du Lycée français de Madrid, nos conceptions respectives de ce qu'on appelle « manger » prennent deux routes bien distinctes. Il commence par le dessert, une pomme, puis vient le festin : du blanc de poulet au grill avec un léger filet de citron. Pour faire honneur au nom de l'établissement et aux spécialités de la pampa, je me tourne quant à moi vers la côte de bœuf agrémentée d'une sauce au poivre et d'un supplément frites. Je ne fais même pas envie à cet illustre convive qui ne donne surtout pas le sentiment de se priver de ce bonheur que je considère indispensable à la vie. Je prends un peu de vin et Zizou deux litres d'eau gazeuse, son péché mignon. Les bulles ne sont pas forcément idéales pour un champion mais, que voulez-vous, chacun a droit à sa petite part de folie.

Je pars du principe que la bouffe ne peut être que mon amie alors que Zidane la regarde comme une ennemie en puissance. Une hygiène alimentaire qui ne l'abandonnera jamais, pas même après l'arrêt de sa carrière, encore moins à l'heure d'enfiler le costume, cintré bien entendu, d'entraîneur de l'équipe madrilène.

À Turin, son palais s'adapte vite aux pâtes *al dente*, plat classique des sportifs, et sa personnalité, son talent et son comportement font de lui un être très spécial au sein de l'effectif de la Juventus. Une sorte de relique sacrée que les autres vénèrent et protègent. Preuve de ce statut, un épisode troublant que me raconte Carlo Ancelotti. Un jour de match, Zizou manque à l'appel alors que tous les joueurs et le staff technique sont installés dans le bus qui doit les mener au stade. Carletto s'impatiente, regarde sa montre et annonce sa décision :

« Allez on y va ! Zidane viendra par ses propres moyens et paiera l'amende habituelle infligée pour ce genre de retards. »

C'est alors que Ronald Montero, défenseur central uruguayen surnommé « Terminator » (tout un programme), se lève de son siège et déclare haut et fort :

« Ici, sans Zidane, personne ne s'en va ! »

Ancelotti aurait pu s'énerver de cette amorce de rébellion, assener son autorité. Il n'en fait rien. Il sourit légèrement et se réjouit de l'esprit de corps qui unit ses gars.

« Mais ça c'est du pipi de chat comparé à ce qui se passe quelques mois plus tard. Tu vas voir… »

Carlo a cette tranquillité que confèrent l'âge et l'accumulation d'expériences de tous types. Et puis cet humour chevillé à l'âme qui le fait se délecter des paroles qu'il distille, sachant que je vais écarquiller les yeux et frissonner des oreilles. La scène que me mime mon pote italien prend des airs surréalistes. Le décor est planté. Il est 3 heures du matin à l'aéroport de Turin et la délégation de la Juventus rentre de Grèce où elle a disputé un match de Coupe d'Europe contre le Panathinaïkos, un important club athénien. Zidane était suspendu mais il avait accompagné les siens pour les soutenir depuis la tribune. La Juve était menée au score et, alors que se terminait la première période, une caméra avait capté le Français en train de rire au téléphone. Un minuscule détail que la ridicule susceptibilité de certains supporters transforme finalement en affaire d'État. À la sortie du terminal à Turin, deux *tifosi* abordent Zizou, lui touchent l'avant-bras et lui jouent la leçon :

> « Ce n'est pas bien ce que tu as fait. Tu n'as pas le droit de rire de la sorte quand ton équipe est en train de perdre. »

Témoins de la scène, Montero et son compatriote Daniel Fonseca, lui aussi joueur de la Juve, enlèvent leurs lunettes et les placent soigneusement dans la pochette avant de leur veste. Ils s'approchent lentement, regardent fixement ces intrus et décochent chacun un violent coup de poing au visage des deux supporters indélicats qui s'effondrent de tout leur long.

> « On ne touche pas à Zinédine Zidane ! »

Fonseca n'en dit pas plus alors que les malheureux apprentis procureurs pataugent dans leur sang. Les Uruguayens remettent leurs lunettes et poursuivent leur chemin dans un calme glaçant. Pas de quoi émouvoir ces garçons de la rue.

> « J'ai entendu "poum, poum". Je me suis retourné et j'ai vu les ultras complètement KO. J'ai vraiment cru que mes joueurs les avaient tués ! »

Carlo éclate de rire en se remémorant chaque seconde de cet épisode digne des *Sopranos*, la série à succès sur la mafia italo-américaine. L'icône Zidane n'a évidemment jamais rien demandé de tel à personne mais, naturellement, ses hommes de cœur étaient devenus des hommes de main. Intouchable Zizou pour qui certains pouvaient se casser la carcasse. Eux aussi, prêts à se jeter du haut d'un immeuble. J'y décèle quelque chose d'absolument fascinant. Une vieille et délicieuse expression populaire espagnole assure que « le frottement crée la tendresse »... Dans ce cas précis, les morceaux de corps qui s'entrechoquent au quotidien dans la course au ballon ont inventé un sentiment beaucoup plus intense, une puissante confraternité, un lien indescriptible pour qui ne joue pas au football.

Il ne sera donc pas évident de quitter cette famille turinoise, cet espace protégé et ces rassurantes habitudes. Mais Madrid l'attend. Dans la capitale espagnole, Zidane doit se muer en autre footballeur puisque le pays est différent, le jeu est différent, les gens sont différents. C'est à l'été 2001 qu'il réalise sa transhumance particulière avec cette excitation que provoquent tout changement, tout défi, toute remise en cause, mais aussi ce petit pincement d'inquiétude de celui qui sent que, face à la suffisance de la certitude, le doute peut devenir salvateur. Rien n'est acquis pour la nouvelle recrue qui vit une première saison faite d'abîmes et de sommets, de douleurs et de joies, de bonheurs et de déceptions. Mais le Madrid de Zidane devient l'équipe la plus connue de la planète, la plus admirée et la plus enviée. Avec un football qui a tout pour lui plaire puisque les Espagnols desserrent le corset que chérissent tant les Italiens. Au pays des galopades de Don Quichotte, le coureur de pelouse peut respirer. Il le constate et le confesse rapidement :

> « Ici, j'ai cinquante centimètres de plus pour jouer. »

Ce que Zizou reconnaît par cette phrase énigmatique, c'est que le porteur de ballon, sa mission première, subit une pression adverse un chouïa moins intense. Que son espace d'expression corporelle s'élargit, lui offrant de nouvelles ouvertures vers le sublime. Il en profitera passionnément au cours de ces cinq saisons sous le maillot blanc pour un bilan de gestes mémorables, de victoires épiques, de trophées amassés mais aussi de vertigineuses dégringolades. Cinq saisons pour remporter l'oscar du joueur le plus élégant de l'histoire du Real. Sous l'uniforme madrilène, il y en a eu peut-être de meilleurs, de plus décisifs et de plus aptes à la longévité, mais pas de plus beaux. À Santiago-Bernabéu, on paye une place pour voir Zidane contrôler le ballon en pleine course et défier les lois de la gravité. Au printemps 2003, alors que nous dînons en compagnie des réalisateurs du film *Zidane, un portrait du 21e siècle*, Jean-Michel Larqué se lève de la table d'un restaurant de Biarritz pour nous décrire cette anomalie que lui, le mythique capitaine de la fabuleuse épopée européenne des Verts de Saint-Étienne, contemple depuis des années avec stupéfaction et admiration.

> « Dès qu'il s'agit de séduire la balle, Zizou va à l'encontre de règles élémentaires enseignées dans toutes les écoles de football. À tout jeune joueur on inculque qu'un contrôle se réalise à l'arrêt et de l'intérieur du pied. Eh bien lui le fait en courant et de l'extérieur du pied ! Telle est sa magie. »

Zizou n'est vraiment pas de ce monde et c'est cet extraterrestre que le public vient voir en masse. Même les stades hostiles des rivaux du Real finissent par se rendre à la douce évidence du génie et du talent. À l'image des supporters de Valladolid qui, le 1er février 2004 et alors que leur équipe s'écroule face aux Madrilènes, réservent une fabuleuse ovation à l'astre français après une délicieuse « roulette » exécutée face au but adverse. Une soirée que le Français gardera en mémoire. Les Espagnols sont des connaisseurs honnêtes. Zidane a trouvé le plus bel écrin pour ses joyaux. Le président du club merengue ne s'en est toujours pas remis et le dit avec bonheur :

> « Les gens m'arrêtent encore aujourd'hui dans la rue pour me remercier d'avoir fait venir Zizou à Madrid et de leur avoir permis d'admirer sa grâce inégalable. »

J'ai un faible pour Florentino Pérez, pour cette lumière qui s'allume dans son regard dès que le nom de Zidane flotte dans la conversation. Ce fils de quincaillier a bâti un empire industriel mais reste le gamin qui tenait la main de son père dans le stade madrilène à la fin des années 1950. C'est lui qui a construit le nouveau Real dont Zidane est le pilier. Florentino l'accompagnera toujours, dans les bons comme dans les mauvais moments, et lui laissera préparer sa sortie chez les Bleus quitte à délaisser quelque peu les Blancs. Car le football, à Madrid comme ailleurs, c'est aussi la douleur d'un corps qui demande le répit. Tout au long de sa carrière, Zizou aura été préservé des grands maux qui brisent les footballeurs. Pas de rupture des ligaments croisés du genou, pas de fracture tibia-péroné, pas de brisure d'orteil, mais des déchirures multiples et des blessures insidieuses qui sonnent le crépuscule.

Celle d'octobre 2005 sera la dernière, mais l'une des plus violentes pour la chair et l'esprit d'un homme qui sent, et qui sait, qu'il faudra bientôt tirer sa révérence. Ce jour-là comme tous les jours je l'attends à la sortie de la pelouse d'entraînement, mais Zizou n'a pas foulé l'herbe rase. Je m'inquiète, comme l'informateur que je suis, déjà prêt à dégainer le stylo pour un article sur l'étrange absence de celui qui sera le capitaine de l'équipe de France, en Allemagne dans quelques mois, pour la Coupe du monde de ses adieux. Je m'inquiète aussi comme celui qui, à force de temps et de contacts répétés, s'est profondément attaché à l'être humain. Rien de grave, j'espère. L'attente dans le doux automne madrilène se fait longue alors que les murmures des collègues prennent un ton alarmiste. Quelques fuites depuis les bureaux du service médical du club parlent d'un mal sournois, voire fallacieux, mais je préfère ne pas y prêter trop d'importance, laissant à Zidane lui-même le choix de me donner le diagnostic de son affection. Quand il apparaît au loin, c'est un boiteux que je devine. Finie la grâce et la splendeur quand l'adducteur se met à siffler comme une bouilloire laissée trop longtemps sur le coin d'un poêle à charbon. Ce rouage essentiel au mouvement de la jambe, à l'amplitude de la foulée, vient de le trahir. Le trentenaire a tellement tiré sur le muscle qu'il s'est usé, déformé, enflammé. C'est un incendie du haut de la cuisse, de ceux qui couvent sournoisement et ne s'éteignent jamais vraiment. Il aurait préféré une claque en pleine face à cette douleur lancinante qui le rend infirme, qui le prive de son droit à pratiquer son art. Je l'interpelle :

« Ça va, Zizou ?

— Non ça ne va pas. Tu le vois bien.

— Tu es donc blessé ? C'est sérieux ? Que puis-je écrire ?

— Tu peux écrire ce que tu veux. Je m'en fous ! »

Je deviens pour lui un malotru, un gêneur sur son chemin, une voix dérangeante dans le silence de sa préoccupation. La froideur de son visage et la dureté de ses mots sont à la mesure de son impuissance, de la crainte qui l'envahit. Et s'il était privé de Mondial ? Il lui faudra un long traitement et surtout les mains expertes de Philippe Boixel, incontournable ostéopathe des footballeurs français et ami de Zizou, pour réparer les dégâts et lui redonner la confiance en son pas. Mais son corps crie et sa tête s'interroge. Il va falloir regarder vers la porte de sortie. Cela commence à devenir une évidence. D'autant plus que la période des « Galactiques », cette épopée sportive madrilène débordante de stars, prend une vilaine tournure. Les conflits entre certains joueurs espagnols et certains nouveaux venus étrangers jaillissent de plus en plus fréquemment au sein du vestiaire, les résultats font grise mine et la vertigineuse succession d'entraîneurs accentue le sentiment de fin de cycle. Ça respire la débandade. Pas de quoi motiver Zidane qui, malgré les douleurs et les doutes, assure toutefois le minimum. Alors que Florentino Pérez médite lui aussi un départ qu'il rendra effectif à la fin février.

Au tout début janvier 2006, je me retrouve avec Zinédine sur le parking du nouveau centre d'entraînement pour des vœux et un non-dit qui, finalement, en dira beaucoup. Entre chien et loup, le jour s'en va doucement derrière les montagnes de la *sierra* de Madrid. Nous regardons le ciel, debout l'un à côté de l'autre.

« Bonne année, Zizou.
— Bonne année à toi aussi, Fred.
— Cette année va être très spéciale pour toi.
— Oui, pas comme les autres. Je ne réalise pas encore vraiment.
— Quand penses-tu l'annoncer ?
— Le plus tard possible. »

Le mot « retraite » n'est pas prononcé. Ni par lui ni par moi. Je tiens l'un des plus grands scoops de ma vie. Zidane vient de m'avouer ce que personne, outre ses plus proches, ne sait encore. Ce qu'aucun journaliste ne soupçonne. L'un des plus grands et importants joueurs de l'histoire du football s'apprête à raccrocher les crampons et, cependant, je ne vais rien dire, je ne vais rien écrire. Une confession de la sorte, dans cette intimité-là, prend un caractère sacré. Zizou n'a même pas besoin de préciser que notre conversation est placée sous le sceau du *off*. Il me connaît déjà si bien. À l'heure où se dessine la fin d'une histoire, sa confiance me touche. Elle sera encore plus éclatante au moment décisif quand, en avril, la nouvelle de son adieu au football sera connue de tous. Il convoque une conférence de presse pour le mercredi 25. Je sais que, la veille, il va officiellement annoncer sa retraite dans une interview à Canal Plus, l'un de ses principaux sponsors. La partie audiovisuelle est totalement cadenassée, alors je tente une ouverture pour le papier. Je l'appelle :

« Zizou, cela fait désormais cinq ans que je te suis au quotidien et que je sers la soupe à beaucoup de mes collègues. Mais là tu pars. Alors je te demande de me donner une interview pour *L'Équipe*. À moi, pour finir en beauté cette aventure. »

Les histoires de contrats d'exclusivité rendent la chose extrêmement compliquée et Zidane doit se battre contre ceux qui pensent que l'argent est plus fort que le travail journalistique. Que payer donne des droits supérieurs au labeur quotidien du correspondant que je suis. Il m'annonce d'un ton décidé :

« On va le faire, Fred. Au nom de ces cinq années passées ensemble. »

Qu'elle est belle la Une de mon journal ! Le titre entre guillemets « J'arrivais à la fin » raconte merveilleusement l'usure physique et la lassitude née de tristes résultats. Pas question pour le champion de se traîner sur les pelouses. La dignité est à ce prix, alors Zizou coupe dans le vif un an avant la fin du contrat qui le lie au Real. Il n'ira pas non plus aux États-Unis ou dans un autre championnat du Nouveau Monde, comme tant de ses confrères avides de machines à sous. Je suis fier et heureux de mon interview. « C'est pas Zidane à un média, c'est Zizou à Fred », avait-il précisé dans ce qui devait être notre dernier tête-à-tête.

J'apprendrai plus tard qu'une « plume » du journal avait tenté de se glisser dans ce moment unique et réservé à deux personnes qui avaient appris à se connaître au fil de cinq années d'échanges, et qui matérialisaient leur séparation sur une page imprimée. J'apprendrai aussi que Rémy Lacombe, alors le chef de la rubrique football de *L'Équipe*, un homme dont la droiture n'a d'égal que le professionnalisme, avait puissamment stoppé cette tentative d'effraction. Des instants si révélateurs de la profondeur des êtres.

Le livre se referme doucement, ne reste plus que le chapitre du dernier match à Santiago-Bernabéu pour lequel je me prépare non sans angoisse. Le 7 mai contre Villarreal, Zizou fait ses adieux au public qui l'a adulé durant cinq saisons. Devant sa famille au grand complet et accompagné de quatre-vingt mille supporters émus d'avance, le beau champion français distille ses derniers cadeaux sous forme de passements de jambes et autres contrôles invraisemblables. Et bien entendu, il scelle son départ avec un but, ultime legs de celui qui a tant donné et tant reçu. Il est remplacé à la 90e minute et peut savourer les cris d'amour du peuple madridiste en transe. Son visage est grave, dur, étonnamment ridé, et ses yeux humides s'écarquillent. « Il a mille ans » aurait pu chanter Jacques Brel devant cette face abandonnée par la jeunesse et la douceur. Je suis en direct sur RMC pour conter les derniers pas de mon compatriote, et mon cœur s'accélère violemment.

« Ça y est, c'est fini. Zizou s'en va. On ne le verra plus jamais courir sur la pelouse du Santiago-Bernabéu. »

Pour la première fois en plus de quinze ans de radio, ma voix se brise en direct. Je la pousse jusqu'au dernier souffle dans un élan de tendresse et de désespoir. Je pleure. Je pleure sur sa vie, je pleure sur la mienne. Le rideau est tombé et je perds mon dernier reste de pudeur. Il va sortir de ma tête et de mon quotidien. Il va disparaître de mes angoisses et de mes rêves.

Adieu, Zizou. Adieu et merci.

Adieu ?

La vie est bien plus capricieuse.

Chapitre 2

2001/2002, LA SAISON CHARNIÈRE

C'est ce jour-là que tout a basculé. Dans cette salle de basket aménagée en auditorium pour un événement qui allait profondément marquer l'histoire du Real Madrid, la vie de Zinédine Zidane, et la mienne aussi.

Ce 9 juillet 2001, le Français est officiellement présenté comme nouveau joueur du club de la capitale espagnole, il devient à ce moment l'homme le plus cher de la planète football. Puisque pas moins de soixante-quinze millions d'euros ont été déboursés pour le faire venir de Turin à Madrid. Un transfert record. Le mur du fond de la salle est bleu, comme la couleur du maillot des champions du monde et d'Europe, les deux derniers titres glanés par le meneur de l'équipe de France. Sublime *curriculum vitae* pour un débarquement en fanfare.

Zizou marche doucement sur la scène où Florentino Pérez, le président, Alfredo di Stéfano, le président d'honneur, et une douzaine de messieurs endimanchés l'attendent et le scrutent. Objet de désir, centre d'un monde où le jeu est roi, il ressent déjà ce qui va se préciser et s'alourdir au fil des mois qui viennent. À son corps défendant, Zidane va prendre l'allure d'une bête de foire. Chacun voudra le voir, l'applaudir, le toucher, l'embrasser. Alors que les flashs crépitent et l'aveuglent, il est évidemment ému de rejoindre le plus grand des clubs qui soient. Il ne sait pas que, bientôt, il va regretter dans son cœur et dans sa chair d'avoir choisi le Real Madrid. Pour le moment il profite. Un peu seulement. Parce que l'excès de lumière le dérange.

Heureusement, après quelques jours de repos sur sa terre natale, il va revenir à ce qu'il glorifie plus que tout : le ballon. C'est l'entame de la saison avec sa nouvelle équipe. Le Zizou dont toute la planète connaît le déménagement n'a évidemment pas changé. Un ancien coéquipier témoigne :

> « Il est entré timidement et respectueusement dans le vestiaire. Presque sans faire de bruit. Cela m'a choqué, tant cette légende vivante du football paraissait humble, tant la personne irradiait de normalité et de simplicité. Zizou voulait être un des nôtres. Rien d'autre. Il ne jouait pas les stars. C'est comme si son ego n'existait pas. »

Alvaro Benito est un célèbre chanteur de musique pop espagnole, leader de Pignoise, un groupe fameux qui a multiplié les disques d'or à la fin des années 2000. À l'époque jeune promesse du football ibérique, cet attaquant faisait partie de l'équipe madrilène pour la première saison du Français, avant qu'une horrible blessure ne l'oblige à abandonner le sport. La mort dans l'âme. Il se souvient aujourd'hui d'un Zidane cherchant à se faire accepter tel ce nouvel élève intégrant une classe en plein milieu de l'année scolaire. Il me raconte qu'au début, la greffe dans le groupe prend plutôt bien.

Et pourtant, certaines habitudes du champion du monde dérangent les vedettes installées. Notamment cette propension du Français à signer et encore signer des autographes aux supporters à la fin des entraînements. Ici un paraphe, là une photo, ici une poignée de main, là un baiser. Chaque jour, pendant de longues minutes, Zidane assume son statut et l'amour débordant des « idolâtreurs ».

> « Arrête de faire du zèle avec les fans. Tu prends trop de temps avec eux. Tu nous fais passer pour des moins que rien. Tu vas nous obliger à signer nous aussi. »

Une des stars espagnoles du vestiaire s'approche de Zizou le visage fermé par la colère de celui que ronge la jalousie. Seulement quelques semaines ont passé depuis son atterrissage en terre castillane et le premier reproche survient. Lourd et injuste. Le Marseillais s'étonne, écoute mais n'en a cure. Combler les « aficionados » fait partie de la mission du footballeur vedette et Zidane refuse de repousser ce qu'il considère comme un devoir. Il me l'expliquera clairement quelques années plus tard, un jour de discussion sur les affres de la notoriété :

> « Tu sais, Fred, quand à Bordeaux on m'a reconnu dans la rue pour la première fois, quand on m'a demandé mon premier autographe, j'étais aux anges. Tellement fier. Alors je ne vais pas me plaindre aujourd'hui. »

Il n'empêche que l'été puis l'automne 2001 sont pesants. Les supporters déchaînés se montrent envahissants. La folie médiatique ne flanche pas et les paparazzis pourchassent la famille jusqu'à l'intime. Les rédactions reçoivent même des photos des deux premiers fils Zidane, encore tout petits, en train de s'amuser dans le jardin de la maison fraîchement louée. Pedro Pablo San Martín, alors rédacteur en chef du quotidien sportif *AS*, m'appelle pour que je prévienne Zinédine de ce qui se trame et lui transmette la décision de son journal de ne jamais publier ces clichés volés. D'autres n'auront pas la même éthique ni la même courtoisie.

Sur la pelouse aux lignes blanches bien tracées, les choses ne fonctionnent pas non plus. On ne retrouve pas sous le maillot madrilène le brillant et alerte Zizou de la Juventus et de l'équipe de France. Les critiques se multiplient dans les gazettes, les murmures grandissent dans les gradins et les chuchotements de certains dirigeants dérangent. Et si Florentino Pérez s'était trompé ? « Il y a des footballeurs qui sont nés pour jouer au Real Madrid, et Zidane est l'un d'eux », avait clamé le patron des « Merengues » le jour de la signature du contrat de l'icône marseillaise. Et si, finalement, Zizou n'était pas né pour ce club ?

Les interrogations se font nombreuses et malsaines. De l'autre côté des Pyrénées, brûler les idoles est une pratique dont se délectent beaucoup de gens bien intentionnés. Surtout quand l'idole en question ne possède pas le passeport espagnol.

Zizou baisse la tête et travaille. Comme il l'a toujours fait. Mais une vilaine et sournoise affection le dérange. Une douleur lancinante au niveau de la hanche le torture sans que le grand public, et même certains membres du vestiaire, ne l'apprennent. Le secret reste au centre d'entraînement, pas question de chercher des excuses. Ce sont alors de très longues heures de traitement qui se profilent. Pedro Chueca, vieux routier du service médical du Real, éminent physiothérapeute, n'a qu'un œil. Mais il suffit cependant au divin borgne d'observer assidûment, de décortiquer la course du Français pour finalement diagnostiquer un déséquilibre dans la position du corps. Le problème se règle après plusieurs semaines de massage et la mise en place d'une semelle orthopédique dans la chaussure à crampons. À 29 ans et une carrière déjà bien dessinée, Zidane découvre encore des secrets que son physique lui avait cachés. Madrid est décidément pleine de surprises.

Sur le terrain ça ne s'arrange toujours pas. L'observateur que je suis décèle rapidement l'étrange comportement de certains joueurs qui tardent à le trouver durant les matches, qui ne manifestent pas une folle envie de passer la balle au nouveau venu. C'est la cour d'école. À commencer par Luis Figo, la grande recrue de l'année précédente, logiquement décalée au second plan par l'arrivée du champion du monde français. Je titille Zizou sur l'attitude du Portugais, un garçon qui, ô sursaut du destin, deviendra par la suite un de ses bons amis. Il me répond sans « charger » son collègue :

« Oui, nous avons un peu de mal. C'est le début. Et puis tu sais comme il est… »

La pudeur et la discrétion de Zidane l'honorent, alors qu'en lui un incendie de mal-être le dévore. Non, ça ne va pas. Rien ne va. Il pense même que Madrid fut une erreur. Il était si tranquille à Turin. Que diable allait-il donc faire dans ce bateau espagnol, bien plus galère de supplice que caravelle de la découverte ? Sa famille souffre du harcèlement des médias et ne trouve pas sa place dans la vie et dans la ville. Ni lui la sienne dans l'équipe. Les nuits sans sommeil se multiplient. Il va exploser. C'est alors qu'une idée terrifiante lui passe par la tête et finit par le triturer. Zizou appelle le président Pérez et lui demande un rendez-vous urgent. La réunion a lieu au nord de la capitale, au siège social d'ACS, l'entreprise de BTP dont l'homme d'affaires est le fondateur et le P-DG. Il avoue :

> « Président, j'ai une chose importante à vous dire. J'ai décidé d'arrêter le football, de mettre définitivement un terme à ma carrière. Je n'en peux plus. Je suis désolé. »

Bien sûr ce n'est qu'un coup de blues passager lié à l'honnêteté d'un homme qui ne veut tromper personne, qui refuse la médiocrité, mais ses mots prennent réellement un ton inquiétant. Florentino Pérez est un immense capitaine d'industrie qui emploie plus de cent cinquante mille personnes de par le monde. Un patron qui sait gérer les crises et ne s'émeut pas aisément. Cette fois-ci, pourtant, le coup est rude. Zidane vient de toucher la ligne de flottaison. Pérez sent les grosses gouttes de sueur qui s'apprêtent à perler sur son visage et dans son cou. Son rythme cardiaque s'élève brutalement mais celui qui aime le Real Madrid avec passion et dévouement tente de garder son calme et de faire bonne figure. Il tempère :

> « Euh, Zizou, nous venons de dépenser soixante-quinze millions d'euros pour racheter ton contrat à la Juventus... Là, ça va devenir compliqué. Ne panique pas, les choses vont s'arranger. Laisse-moi faire... »

Florentino Pérez prend alors le problème à bras-le-corps. Pour le bien de son club et pour venir en aide à ce joueur de football qu'il adule et protège comme son enfant. C'est à ce moment que naît réellement la relation père-fils qui aura plus tard tant d'effets sur les années d'entraîneur de Zizou.

Le président convoque Raúl et Figo, les deux membres les plus emblématiques de l'équipe et ceux avec qui, de par leur position sur la pelouse mais aussi leur expérience, Zidane doit absolument s'entendre. Conscient que les footballeurs sont des êtres extrêmement sensibles et égocentriques qui voient souvent d'un mauvais œil l'irruption d'un talent nouveau dans leur pré carré (rectangulaire dans le cas précis de l'aire de jeu de ce sport), conscient aussi que certains s'offusquent quand le copain de classe reçoit un bon point de plus, le président avait aligné les salaires de ses deux stars sur celui du Français. Six millions d'euros nets annuels pour chacun. Tant qu'on a les moyens d'éviter les jalousies enfantines...

Il leur demande désormais de prendre soin de sa recrue, de l'inviter à dîner, de lui faire découvrir la capitale. Bref, de l'aider à s'intégrer à cet univers madrilène et espagnol, de l'extraire de la forme de dépression qui l'envahit. Les deux s'exécutent avec, finalement, une gentillesse non feinte. Prenant cet ordre présidentiel comme une mission qui les valorise. Zizou le vaut bien, la réussite de l'équipe aussi. Vicente del Bosque, l'entraîneur, cherche quant à lui une solution tactique tout en usant de sa bonhomie pour apaiser Zinédine. Lui non plus n'est pas un grand hâbleur, mais de ce quinquagénaire à la moustache fleurie émane naturellement ce qu'en espagnol on appelle le *cariño*, une sorte de tendresse, d'affection qui fait du bien à ceux qui croisent sa route.

Ancien joueur du Real né à Salamanque, plus tard champion du monde en tant que sélectionneur de l'équipe nationale d'Espagne, del Bosque sera même anobli par le roi Juan Carlos en 2011. Durant ces premiers mois de Zidane à Madrid, le futur marquis s'évertue à inventer un système de jeu qui fasse une place au nouvel arrivant. Une organisation des joueurs sur le terrain qui paraîtra déséquilibrée, atypique, puisque le Français se retrouvera dans une position de quasi-milieu gauche peu commune pour lui et pas vraiment adaptée à son génie. Qu'importe, Zizou mettra toute sa bonne volonté, tout son talent et toute son abnégation pour que les choses prennent une forme décente. La complicité de Roberto Carlos, son compagnon de la zone ouest de l'équipe titulaire, y aidera beaucoup aussi. Tout comme celle de son compatriote Claude Makelele. Indispensable Makelele que l'on surnomme avec humour le « Robin des Bois à l'envers », parce qu'en tant que milieu récupérateur du Real, il vole le ballon aux pauvres pour le donner aux riches.

Peu à peu les regrets s'estompent, le plaisir émerge tels des perce-neige et le bonheur prend rendez-vous. Nous approchons du premier Noël madrilène de la famille Zidane, où tant Véronique que les deux garçons commencent vraiment à prendre leurs marques. À faire leur cette nouvelle existence. Et puis le ventre de madame s'arrondit pour un heureux événement prévu pour le mois de mai. Enfin une petite fille ? En voyant un sourire sur les visages aimés, Zizou se rassure :

> « Moi, tant que les miens sont heureux, je suis heureux. Ce sont eux qui comptent avant tout. »

Nous nous quittons avant les fêtes. À mon tour de retrouver mes êtres chers, là-haut dans le Pas-de-Calais. 2002 sera superbe, je le souhaite de toute mon âme. Depuis quelques mois j'ai donné un grand coup de volant dans ma carrière, j'ai rejoint *L'Équipe* et RMC et, moi aussi, je dois surmonter mes doutes, confirmer que je suis fait pour le foot et le Real. Je commence à réaliser que mon destin se colle petit à petit à celui de l'idole. Une drôle d'histoire à laquelle je ne m'attendais pas. Vraiment pas. Je ne suis pas effrayé.

* * *

C'est le 5 janvier que tout s'élève, que tout devient léger. Plaisant, encourageant. En cette veille de l'Épiphanie, le Real Madrid reçoit le Deportivo La Corogne, un bon club de la première division espagnole, au stade Santiago-Bernabéu. L'ambiance dans les travées est chaleureuse et festive. Car en Espagne ce n'est pas le Père Noël qui apporte les cadeaux aux enfants. Suivant la logique de la tradition chrétienne, les généreux donateurs s'appellent Gaspard, Melchior et Balthazar. Les Rois mages ont défilé dans la ville et de nombreux enfants ont déjà reçu le présent qui fait frissonner : un ticket pour aller applaudir les joueurs du Real. Le stade est assailli par les familles et par ces lumières qui jaillissent des yeux humides des marmots. Il fait frisquet sur le plateau castillan situé à 650 mètres d'altitude, mais la chaleur de l'émotion a envahi la soirée footballistique. Ça grouille, ça piaffe, ça rit, ça chante. Il n'y a pas meilleur moment pour se montrer, pour donner, pour régaler.

C'est celui-ci que Zidane choisit pour entrer enfin par la grande porte du « madridisme », ce concept qui rassemble celles et ceux qui vouent au Real une dévotion digne des croyances religieuses et politiques les plus intenses. Être « madridiste » signifie faire partie d'une communauté d'élus où chacun est bienvenu. Dans les prochaines minutes, par une danse initiatique improvisée, Zizou va prendre sa carte de membre bienfaiteur. Qu'il semble beau sous ce maillot blanc immaculé que la publicité a déserté, le temps pour les dirigeants du Real d'accueillir un nouveau sponsor à la hauteur de la renommée des stars qui sont arrivées et qui arriveront encore dans les prochaines saisons. La tête redressée, le torse relevé, il s'apprête à couper la chique aux déverseurs de reproches, aux noircisseurs de sourires, aux castrateurs d'enthousiasme, aux petits de la vie. Les aigris, les jaloux, les pauvres de frisson devront se mettre à genoux devant sa majestueuse plastique. Zidane l'homme du Sud regarde vers le nord où trois barres de métal blanc dessinent une forme géométrique délimitant un espace de 2,44 mètres de haut pour 7,32 mètres de large. Il est en pleine course vers la cible rectangulaire quand il reçoit la balle juste avant l'entrée de la surface de réparation, zone occupée par cinq paires de jambes adverses dont, à cet instant précis, l'unique projet de vie est de contrecarrer le destin du natif de Marseille. La « master class » de Zizou débute par un contrôle délicat du pied droit. Monsieur ne violente pas la balle, monsieur l'effleure comme un peintre d'aquarelle prenant son pinceau devant un paysage matinal.

« *Vamos maestro...* »

Dans la tribune d'honneur, Alfredo di Stéfano l'encourage avec délicatesse. Lui, l'Argentin qui a révolutionné le football espagnol dans les années 1950 par son art du ballon, s'émeut face à tant de grâce et de maîtrise. C'est Jorge Valdano, alors directeur sportif du Real et voisin de siège VIP de l'ancien capitaine madrilène, qui me confiera les soupirs admiratifs répétés du vieil homme, déclenchés par la simple vision de Zidane sur la pelouse du stade Santiago-Bernabéu.

L'exhibition continue avec un « pied gauche-pied droit » pour laisser pantois le rival qui s'accroche. Puis un

« pied droit-pied gauche » avec enroulement de la boule blanche pour effacer de l'univers les deux coéquipiers de l'équipe galicienne venus à la rescousse de la première victime. Et enfin le summum, cette frappe croisée du gauche, pourtant son mauvais pied comme on dit dans le jargon, qui transperce le gardien et actionne les gradins. Quatre-vingt mille personnes se lèvent dans une vague synchrone. Ivres de joie et de reconnaissance pour ce cadeau offert par le quatrième Roi mage. L'action, entre le moment où Zidane est entré en contact avec le ballon et le moment où celui-ci a franchi la ligne de but, aura duré quatre secondes exactement. Quatre secondes d'émerveillement. Il aura donc fallu six mois et quatre secondes au joueur le plus cher de l'histoire du football pour prendre place dans son nouvel espace, pour se sentir chez lui, pour se faire indiscutable et indiscuté, pour devenir le Zidane de Madrid, comme il fut celui de Cannes, de Bordeaux et de Turin. L'impact de ce but synonyme de victoire est tel que c'est tout un front d'opposition qui se voit fissuré, instantanément, avant sa destruction.

Implacable Zidane qui met tout le monde d'accord sans prononcer une seule parole. Le geste du réveillon de l'Épiphanie est disséqué, analysé, expliqué, montré en boucle sur les télévisions. Il inspire même la création d'une appellation qui sera traduite dans des dizaines de langues et reste encore aujourd'hui le symbole d'une époque bien précise de l'histoire du football moderne, une définition de la manière grandiloquente de construire une équipe qui réunit les plus grandes vedettes du ballon rond. Car, juste après ce but d'exception, le quotidien *AS* écrit en lettres grasses et en capitale d'imprimerie : « Voici le Real Madrid de la galaxie Zidane. » Le fameux terme « galactiques » vient d'être inventé et ne s'oubliera pas, il ne disparaîtra pas avec cette feuille de papier journal promise à la déchirure, ou à l'emballage du poisson, dès le lendemain de la parution. Devenant d'ailleurs un concept qui dépasse le sport puisqu'on en trouve aujourd'hui les clones là où la compétition, la gagne, la qualité et le talent des hommes ont besoin d'être mis en valeur. De grosses multinationales se vantent même d'avoir des dirigeants « galactiques » pour justifier leurs salaires dignes des footballeurs les mieux payés. C'est bien Zidane qui, en ce soir festif d'un mois de janvier castillan, fut la muse d'un rédacteur de presse inspiré et émerveillé par l'éclat d'une étoile et d'un mouvement éphémère sur un terrain de football.

Éphémère, oui, mais promis à la répétition et au surpassement. Car alors que Zizou s'installe dans une délicieuse routine de bien-être, que ses difficultés d'adaptation ne sont plus qu'un souvenir à peine douloureux, le Real surmonte avec succès les tours de la Ligue des Champions. Quart de finale contre le Bayern Munich, demi-finale contre le rival barcelonais (avec un attentat de l'ETA, heureusement sans victime, devant le stade juste avant le match retour à Madrid) pour arriver à la grande finale de Glasgow contre les Allemands du Bayer Leverkusen.

En terre d'Écosse, les Madrilènes se doivent de sauver une saison plutôt moyenne qui les aura vus perdre la finale de la Coupe du Roi chez eux le 2 mars, le jour même du centenaire de la création de leur club, et terminer seulement à la troisième place du championnat[1]. Ce 15 mai au Hampden Park, le match débute plutôt bien

1. Lors de cette saison 2001/2002, le Real est devancé par Valence et le Deportivo La Corogne alors que le FC Barcelone se classe quatrième, deux points derrière les Madrilènes.

pour les Espagnols avec un but de Raúl dès la huitième minute, mais les Allemands égalisent rapidement et finissent par s'installer dans la rencontre. Ils dominent et se créent les meilleures occasions. Il était écrit cependant que Zidane allait marquer de son sceau le match le plus important de sa première saison madrilène.

« Il n'y a pas de hasard, il n'y a que des rendez-vous », a écrit Paul Éluard. Celui de Zizou avec la gloire est fixé aux alentours de 20 heures 30, heure du méridien de Greenwich. Juste avant la fin de la première mi-temps, le Français voit arriver sur lui l'un des pires centres qu'un footballeur professionnel puisse offrir à un coéquipier. Roberto Carlos, dérangé par un adversaire, lui a envoyé depuis l'aile gauche un ballon en cloche d'une grande laideur technique. Un « melon », tel qu'on le décrit dans le langage footballistique espagnol, que Zidane transforme en bouquet de fleurs en le reprenant de volée à l'entrée de la surface sans que le gardien teuton puisse moufeter. Je suis à Madrid devant ma télé, le micro-casque de la radio sur les oreilles. Je crie alors que mon immeuble tremble après le saut instantané et conjoint de ses habitants tous réunis devant leurs postes. Le droitier a inscrit le but de sa vie avec son pied gauche. Paradoxe de celui qui ne fait jamais rien comme les autres.

> « J'ai tellement utilisé le droit qu'il doit être un peu usé. Alors je me suis dit qu'il fallait me servir du gauche. »

Zidane sourit lui-même de cette explication quelque peu singulière alors qu'en vérité, pour ce genre de geste acrobatique, c'est le pied d'appui qui peut compter le plus. Question d'équilibre et de résistance. Il aurait pu réaliser ce chef-d'œuvre, élu par l'UEFA comme le plus beau but de l'histoire de la Ligue des Champions, dans un des seize autres matches de la compétition européenne de cette saison-là, mais non, c'est la finale qu'il a choisie. Comme quatre ans auparavant au Stade de France face au Brésil. Question de destinée, de subconscient ou de chance. Ou les trois à la fois pour s'amarrer définitivement à la mémoire collective madrilène. Là encore, quelques toutes petites secondes auront suffi pour l'inscrire définitivement dans le récit d'un siècle d'existence du Real et créer une image mythique pour les posters et autres photos cartonnées qui n'ont cessé d'être imprimées depuis.

Dans le club merengue, on sait cultiver la légende et l'élégance. Florentino Pérez apposera même la photo de ce but sur la pochette de son programme électoral, lors de sa nouvelle campagne pour la présidence du club de juin 2009. Cette volée dans la lucarne fut aussi sa victoire, celle de son acharnement à faire venir Zidane à Madrid. Le boss avait raison, Zizou est bien né pour porter le maillot du Real et plus personne ne peut dignement contester cette évidence.

Le temps de fêter la première, et unique, Ligue des Champions de sa carrière de footballeur et le voici à Marseille où, trois jours après avoir pris dans ses mains la coupe argentée, il soulève un autre trophée, encore plus beau, encore plus brillant, encore plus troublant. Théo vient de voir le jour. Ce chapitre de vie et de football estampillé 2001/2002, si dur dans ses premiers souffles, commence vraiment à avoir de l'allure. La joie et la sérénité s'unissent finalement autour de Yazid alors que le nouveau-né sourit aux anges. Il est le troisième de la fratrie, n'a ouvert les yeux que depuis quelques heures et la célébrité l'a déjà rattrapé. Le jour même de sa naissance, son papa devait disputer à Paris un match amical de préparation du Mondial organisé le mois suivant en Corée du Sud et au Japon. La raison de la légitime et tendre absence du meneur des Bleus à cette rencontre face à la Belgique est annoncée sur les écrans géants du Stade de France. Son avenir footballistique semble déjà tracé. Tout l'Hexagone connaît l'arrivée sur terre de ce petit Théo qui, seize ans plus tard, fera déjà une tête de plus que son père et aura hérité de nombreuses qualités de cet illustre prédécesseur. Le plus doué des fils ? Alvaro Benito partage avec moi son analyse :

> « C'est peut-être celui qui ressemble le plus à Zizou dans sa manière de conduire la balle, dans certaines attitudes, certains mouvements sur le terrain. Les techniciens du centre de formation du Real Madrid le voient réaliser une carrière. »

Le footballeur, devenu chanteur, fut aussi l'entraîneur de Théo, cette belle tige dépassant le mètre quatre-vingt-dix, et ressent une véritable affection pour le troisième enfant de Zidane. Il prédit un doux avenir au garçon aux traits fins et aux cheveux noirs qui fut bercé d'entrée au rythme des exploits de papa.

* * *

La naissance avive l'allégresse familiale mais rend le départ pour la Coupe du monde en Asie bien plus déchirant encore. Zizou doit accomplir sa mission, celle de conduire la France vers une deuxième étoile à coudre sur le morceau d'étoffe bleue, mais aussi laisser à dix mille kilomètres ce petit être qui vient d'éclore. Qu'elle est cruelle cette séparation !

Elle ne sera pas pourtant, en ce printemps 2002, la seule déchirure à faire souffrir le papa champion. Zidane s'envole pour le sud du Japon, à Ibuzuki exactement, là où l'équipe de France a établi son camp de base. Il se sent quelque peu marqué par le long voyage, par cette saison de hauts et de bas sous le maillot blanc du Real, par ces longs mois d'adaptation à la vie dans la capitale espagnole, par le contrecoup de toutes ces émotions et, surtout, par la quasi-soixantaine de matches qu'il a disputés. Christophe Dugarry se souvient :

> « Je vois tout de suite qu'il est fatigué. Je crois que l'ensemble des joueurs le remarque aussi. Le problème est que Roger Lemerre (le sélectionneur) n'a pas du tout cette analyse-là. Il est un peu fébrile et même un peu parano. À tel point qu'il demande aux policiers du RAID chargés de notre protection de vérifier s'il n'y a pas des micros espions dans notre hôtel. En plus il nous met de grosses charges de travail à l'entraînement alors que le taux d'humidité de l'air est de quatre-vingts pour cent. C'est terrible pour tout le groupe et pour Zizou en particulier. »

L'attaquant connaît par cœur son vieil ami et compagnon de chambre. Il sent bien que Zinédine n'est pas au mieux mais le sélectionneur ne prend pas assez de précautions. À peine quelques jours pour tenter de se reposer et se faire au violent changement de fuseau horaire qu'il faut déjà jouer une rencontre amicale de préparation à Suwon, en Corée, contre la sélection du pays coorganisateur. L'atmosphère au sein et dans l'entourage des Bleus n'est pas des plus adéquates. Quelques bobos affectent des joueurs importants, des clans se forment dans le groupe. Certains, comme Thierry Henry, se plaignent de leur positionnement sur le terrain, et puis le statut d'archi-favori de la compétition pèse et dérange. Le trop-plein d'optimisme autour des Bleus prend des airs d'arrogance. Les plus connaisseurs décèlent le danger dans un sport qui condamne implacablement le manque de retenue et toute forme de suffisance. Adidas, l'équipementier officiel de l'équipe nationale, a déjà fait fabriquer une grosse série de maillots bleus affublés de la deuxième étoile, synonyme de nouveau triomphe final, quatre ans après France 98. Dans la classique négociation des primes avec la Fédération française de football, le capitaine Marcel Dessailly n'a même pas envisagé la possibilité d'une élimination au premier tour. Trop d'assurance.

Ce 26 mai 2002, la pression des sponsors oblige à faire jouer la meilleure équipe face à des Coréens déchaînés qui ont effacé tout championnat local pour se préparer exclusivement, et depuis six mois, à leur Mondial. Le rythme, beaucoup trop intense, n'est pas celui d'un rendez-vous de mise en route où l'on ménage sa monture. Zidane n'a pas d'autre choix que d'entrer dans le onze titulaire. À la 28e minute de la première période, alors qu'il vient d'offrir un ballon à David Trezeguet, le meneur de jeu ressent soudainement une douleur à la cuisse gauche. Pas question de prendre le moindre risque, Zizou sort immédiatement du terrain. Simple petite alerte sans gravité ? Le champion connaît son corps et s'inquiète. Les examens rapidement pratiqués confirment malheureusement les sensations : il souffre d'une lésion musculaire au niveau du quadriceps et doit déclarer forfait pour le match d'ouverture face au Sénégal. Sans son meilleur joueur, sans son talisman, la France a mal, la

France a peur, la France bégaie. Et la France perd la rencontre. L'alarme retentit une deuxième fois et tous les regards se tournent désormais vers la cuisse meurtrie de Zizou. Un centimètre de fibre déchirée accapare toute l'attention et devient l'unique sujet de réflexions et de débats. Voire de paris entre observateurs. Pourra-t-il revenir à temps pour le deuxième match du groupe, celui déjà décisif contre l'Uruguay ? Des messages de fausse tranquillité émanent des responsables des Bleus, histoire de ne désespérer personne, ni les supporters ni les joueurs, mais non, il faudra se priver encore du numéro 10 au crâne dégarni pour le choc face aux toujours rugueux Sud-Américains. Et finalement accepter le petit point obtenu à l'issue d'un match nul laborieux durant lequel le spectre d'une élimination honteuse a flotté au-dessus du but solidement défendu par Fabien Barthez. Le dernier espoir s'appelle le Danemark pour un troisième match irrespirable et Zidane encore boiteux répond à l'appel pour l'intérêt supérieur de la nation. Dugarry explique :

> « Il veut revenir à tout prix car il sent que sa blessure mine toute l'équipe, que tout le monde attend qu'il soit là. »

Christophe observe son pote qui, comme à chaque fois qu'il souffre, se renferme sur lui-même. Il comprend immédiatement qu'il n'est même pas à cinquante pour cent de ses capacités physiques et qu'il prend le risque d'aggraver sa blessure. En temps normal, avec une telle lésion, il aurait été mis au repos total durant trois semaines. Mais l'heure est grave pour les tenants du titre, sacrés champions d'Europe deux ans plus tôt à Rotterdam. Zizou active en lui l'esprit de sacrifice, se démène sur la pelouse et parvient même à être élu « homme du match » contre le Danemark. Pas suffisant cependant pour qualifier cette impuissante armada qui s'incline face aux Vikings et rentre à Paris tête basse, le cœur en déroute et la balle sous le bras.

Zidane ne peut s'empêcher de se sentir coupable. Sa plus grande faute ? Être fait de chair et de sang.

Chapitre 3

L'ENTRAÎNEUR INATTENDU

Il n'y a que les imbéciles qui ne changent pas d'avis, mais le sien me semblait bien ferme. Circulez, y a rien à voir !

Ce chapitre aurait dû se refermer à peine la première ligne écrite. J'en fus persuadé durant des années. D'ailleurs, entre une gravure de Chillida et une lithographie d'Alechinsky, je n'avais plus de place sur le mur de mon salon pour d'autres « Unes » de *L'Équipe*. J'avais encadré la première, celle du 24 juillet 2001 célébrant l'arrivée de Zizou au Real, et la dernière, celle du 26 avril 2006 pour son adieu au club madrilène. L'histoire devait se terminer là.

Il me l'a bien dit dans cet échange aussi anodin dans ses premières minutes, que puissant vers la fin.

C'est la rentrée des classes 2005/2006 et nous parlons d'avenir. Zidane sait que sa carrière ne va plus durer cent sept ans et je me demande ce que pourrait faire le champion une fois les chaussures à crampons accrochées à un morceau de bois dans le garage. Alors j'ose une petite suggestion interrogative :

« Dis-moi, Zizou, entraîneur, ça te dirait ? »

Jamais je n'avais évoqué avec lui cette possibilité de le voir diriger une équipe, de mettre à profit ses dix-huit années de joueur professionnel de très haute volée. Beaucoup de ses collègues de la caste des idoles y sont passés avec plus ou moins de succès. Johan Cruyff, Michel Platini, Diego Maradona, Franz Beckenbauer, Pep Guardiola... Pourquoi pas Zinédine Zidane ? Ne serait-ce que pour tenter le coup et apprendre à dribbler l'ennui.

« Moi entraîneur ? Jamais ! »

La réponse fuse. Elle est implacable. Il n'a pas eu besoin d'y réfléchir une seconde, ni même souhaité l'agrémenter d'une petite nuance, tant son opinion est claire et définitive. Il me regarde bizarrement et j'ai le sentiment d'avoir dit une grosse bêtise. S'il interpelle les autres joueurs qui rejoignent eux aussi leur voiture sur le parking du centre d'entraînement, je vais être la risée de l'équipe. J'ai peur qu'il lance un truc du genre...

« Eh, les gars, le mec là pense que je vais devenir coach ! »

Et que tout le monde se marre bruyamment. Ouf, notre conversation reste privée mais son sourire appuyé tout comme son mouvement de tête me font comprendre que je viens de sortir une énormité. C'est le mois de septembre et la douceur de l'été indien madrilène invite à l'indulgence et à la délicatesse. Zizou prend donc le soin de se justifier et de m'expliquer les raisons de sa violente certitude :

« Franchement, entraîneur c'est une tout autre fonction qui demande des qualités bien particulières. Je ne les possède pas. De toute façon, quand je regarde notre équipe de France 98, je me dis que seuls deux joueurs pourront devenir de grands entraîneurs.

— Lesquels ?

— Eh bien, Laurent Blanc et Didier Deschamps. »

En plein dans le mille pour ce qui est du destin professionnel de ses coéquipiers champions du monde puisque tous deux ont, depuis, gravi les échelons du métier de coach avec une belle dextérité. Bordeaux, la France et Paris pour le premier ; Monaco, la Juventus, Marseille et les Bleus du sacre de Moscou pour le second. Pour les copains, Zizou a eu du nez. Pour lui-même, on est vraiment très loin du compte. À l'écouter, point d'ambiguïté, la star du terrain restera star du terrain, rien qu'un vieux et beau souvenir une fois la carrière achevée. Pas question d'envisager le banc. Même quand il accepte en 2009 de devenir le conseiller de Florentino Pérez à son retour à la présidence du Real ou, plus tard, de superviser les pros sous le titre aussi pompeux qu'inoffensif de « directeur de l'équipe première » des Merengues. À cette époque, il entame également une formation de manager général de club sportif au Centre de droit et d'économie du sport de Limoges. Il s'y découvre un goût pour les études que l'ancien mauvais élève de Marseille ne soupçonnait pas. Mais à tâter ces diverses fonctions, certes intéressantes mais trop éloignées de l'odeur de la pelouse fraîchement coupée, Zidane se prend à retourner l'impossible. Le « Moi entraîneur ? Jamais ! » chemine dans sa tête et entame sa métamorphose vers un « peut-être » des plus inattendus. Le « sûrement » n'est plus très loin.

Il se dévoile à demi-mot alors que nous partageons un moment de palabres dans le bureau aménagé sur l'aile droite de sa demeure. C'est là que sa secrétaire personnelle travaille à la gestion de son agenda et des dizaines et dizaines de lettres et e-mails qui s'accumulent au quotidien, sollicitations incessantes pour des sujets qui peuvent être sérieux, professionnels, humains, financiers, émouvants mais aussi farfelus ou grotesques. La notoriété attire parfois l'indécence et le ridicule. C'est là aussi qu'il reçoit les visiteurs. En ce soir d'hiver de 2011, il me laisse son confortable fauteuil de cuir noir et me lance une phrase à décoder :

> « Je veux que mes décisions se voient directement et immédiatement sur le terrain. »

D'un revers de mots, Zizou balaye un éventail de métiers du football. Pas conseiller, trop nébuleux. Pas dirigeant, trop austère. Pas porte-parole, trop politique. Pas directeur sportif, trop distant de la transpiration et des frappes de balle. Le mot « entraîneur » ne sort pas de sa bouche mais il remplit déjà son cœur. Celui qui s'est construit comme footballeur, petit à petit par l'apprentissage, de la base au sommet, avec abnégation et humilité, va suivre exactement le même chemin pour conquérir le droit de se faire appeler « mister », tel qu'on baptise les coaches en Espagne et en Italie. Son pays d'adoption, celui où il n'a jamais cessé de vivre depuis la fin de son contrat de joueur, lui offre un magnifique raccourci vers le diplôme.

En tant qu'ancien international ayant disputé un grand nombre de matches, il peut, en moins d'un an d'études, recevoir le morceau de papier accréditant sa condition de technicien. Sauf-conduit valable dans toute l'Europe. Zidane refuse l'idée pour deux raisons. D'abord parce qu'il veut apprendre consciencieusement et que la version longue du diplôme français (trois ans) convient parfaitement à ses désirs de croissance. Et puis cela ferait tache qu'un ancien capitaine des Bleus, chevalier de la Légion d'honneur de surcroît, aille se former loin du football de la République. Outre son intime conviction et son réel attachement, Zizou sait qu'il y aura toujours un accusateur prompt à évoquer la désertion.

Se succèdent alors les cours au centre technique national de Clairefontaine dans les Yvelines, l'ENA des techniciens tricolores du ballon rond, et les stages d'observation dans plusieurs clubs européens. Comme au Bayern Munich de Pep Guardiola ou au Stade Rennais de mon ami Philippe Montanier. Tout comme le gamin du centre de formation de Cannes un quart de siècle auparavant, Zinédine écoute. Beaucoup. Montanier le décrit parfaitement :

> « Un véritable étudiant ! Je l'ai senti très réceptif à tout ce qu'il voyait et entendait. Une éponge même. Et puis cette intelligence pragmatique qui l'amenait à poser des questions toujours pertinentes. Lui, l'un des meilleurs joueurs de tous les temps, aurait pu devenir le patron d'une équipe en levant simplement le petit doigt mais non, il voulait bien se préparer. Une grande marque d'humilité. Et puis franchement quel courage car, de par son caractère introverti, au départ tout le monde disait qu'il n'était pas fait pour devenir coach. »

C'est dans la maison de mon enfance, l'ancienne ferme de mes grands-parents située à une vingtaine de kilomètres de Lens, où Philippe entraîne désormais mon cher Racing, qu'il me raconte les trois jours passés avec Zizou, leurs échanges où l'intense désir de comprendre et de s'améliorer dirige chaque pas du futur entraîneur. Respecter les étapes pour ne rien brûler, s'informer et se former pour confirmer la solidité de cette ambition tardive, tout chez l'homme de Marseille se construit en douceur. Tant de clubs sur le continent rêvent de lui offrir un banc, les clés du camion, le beurre et l'argent du beurre mais, fidèle à sa mentalité, c'est une simple place d'adjoint qu'il demande à Florentino Pérez en juin 2013. Ça tombe bien, le président du Real vient de recruter Carlo Ancelotti, celui qui fut son entraîneur au cours de ses deux dernières saisons à Turin. L'Italien est enchanté !

> « Tout de suite j'ai dit oui à cette proposition. Zizou cherchait avant tout à apprendre mais il m'a été rapidement très utile de par sa proximité avec les joueurs durant les entraînements. Il savait leur parler, leur expliquer des questions tactiques, les motiver. J'ai vite compris qu'il était taillé pour ce métier. »

Carletto lui aussi était surpris de cette puissante évolution de son ancien joueur et ne s'en cache pas alors que, en ce début avril 2019, nous passons tous deux la journée au sein du centre sportif de son Napoli. Assis sur le banc à la droite d'Ancelotti, Zidane n'était pas là pour la photo mais pour grandir, pour accompagner, pour aider.

Pour preuve cette analyse que me fournit Karim Benzema, un soir de match de 2014, après avoir inscrit un but magnifique. J'interpelle l'attaquant français du Real :

> « Belle réalisation, Karim. Comment as-tu fait ?
> — Mais c'est grâce à Zizou tout ça ! Il avait bien étudié les adversaires et juste avant la rencontre il m'avait dit de couper au premier poteau car là se trouvait la faiblesse de leur défense. C'est comme ça que j'ai marqué. »

L'ancien joueur lyonnais décèle rapidement la grande capacité d'analyse de son aîné et compatriote, de celui qu'il décrira bientôt comme son « grand frère ». Ancelotti comprend lui aussi que Zidane est en train de se bâtir un excellent bagage technico-tactique et que son statut de gloire du football, tout comme son charisme allié à une humilité non feinte, lui ouvrent puissamment les portes du vestiaire et les oreilles des joueurs.

« Quand Zidane parle, les autres l'écoutent ! »

Carletto prend plaisir à voir mûrir son dauphin qui apprend, auprès de lui, la méthodologie de préparation des entraînements et des matches et qui, chaque jour un peu plus, étale ses prédispositions à la direction d'une équipe. Jusqu'à la finale de la Ligue des Champions du 24 mai 2014, à Lisbonne, que le Real remporte finalement face à son voisin madrilène de l'Atlético, au terme d'une rencontre incertaine et douloureuse. L'attitude de Zizou sur le bord du terrain, son implication émotionnelle, ses sauts de cabri et les mots qu'il distille aux joueurs, trahissent ses nouvelles ambitions. Finie la vie de second, il aspire désormais aux galons de capitaine de frégate. D'abord tenté par la proposition des Girondins de Bordeaux, c'est finalement vers le Castilla qu'il se tourne. Florentino Pérez lui offre ce poste comme un présent, pas mécontent que son protégé reste dans le giron madrilène. Ce n'est pas de la première, même pas de la deuxième mais de la troisième division qui l'attend avec l'équipe réserve du Real où ses jeunes footballeurs sont confrontés à la rudesse d'une catégorie peuplée d'adversaires plus âgés, ravis de chauffer les chevilles à ces « petits-bourgeois » de la capitale.

Seul maître à bord, Zidane doit trouver le bon équilibre entre la nécessité de la victoire inhérente à toute compétition et l'objectif évident de formation d'un groupe faisant encore partie de l'école de football du Real. Ne pas se tromper sur les priorités tout en grandissant soi-même. Le défi n'est pas simple pour un Zidane appliqué qui emmène promptement les petits gars dans son sillage. « Burgui », un ancien joueur, témoigne :

> « J'étais en vacances et quand j'ai vu ça sur les réseaux sociaux, mon cœur n'a fait qu'un tour. Être entraîné par mon idole, vous imaginez ? J'étais très nerveux au début mais il a tout fait pour que nous nous sentions tous à l'aise. Le premier contact a eu lieu dans le vestiaire et tout est devenu naturel. Voir Zidane à mes côtés était une motivation quotidienne et je me souviens de cette saison comme celle d'un apprentissage constant qui a énormément marqué ma carrière. »

Jorge Franco, dit Burgui, aujourd'hui au club d'Alavés, fut de la première fournée des *Zidane's boys*. Je l'appelle sur son téléphone portable. Il se souvient avec émotion et reconnaissance du passage du coach français au Castilla. De sa grandeur d'âme et de ses méthodes très particulières :

> « C'est surtout quand les choses ne fonctionnaient pas bien qu'il se rapprochait encore plus de nous. Il se montrait conciliant. Jamais il n'aurait humilié un joueur qui n'aurait pas réussi telle ou telle action. Il préférait expliquer clairement ce que nous devions faire et nous donner une embrassade. Par moments, je peux vous dire que nous étions comme fascinés par ses mots. »

Tiens, ce Zidane qu'on disait timide et introverti brille et subjugue par la parole. Il devient à la fois professeur et entraîneur et parvient à accepter, ô complexe mission, que ses pupilles ne pourront jamais réaliser sur un terrain ces gestes inouïs qui étaient son pain quotidien. Reconnaître les limites de l'autre n'est pas un exercice de fausse modestie.

Au cours d'un déjeuner à Madrid, Julien Escudé, ancien défenseur central international ayant fait les beaux jours du club du Séville FC, me raconte une tendre histoire que je ne connaissais pas. En 1997, il était un jeune apprenti de 17 ans du centre de formation de Cannes et l'émission de télévision « France Europe Express », présentée par Christine Ockrent, lui avait permis de rencontrer Zidane, la star de la Juventus. Escudé avait déjà senti chez son aîné ce goût pour la transmission :

> « Je n'étais qu'une petite pousse de footballeur et Zizou m'avait puissamment encouragé dans ma voie. Il m'avait prodigué des conseils avec une grande gentillesse. On sentait qu'il se souvenait parfaitement d'où il venait et qu'il voulait partager avec les plus jeunes ce qu'il avait appris au cours de sa carrière. »

Le destin aussi capricieux qu'enchanteur voudra que ce même Escudé soit confronté à Zidane, neuf ans plus tard, pour le tout dernier match de l'idole sous le maillot du Real, le 15 mai 2006 à Séville. Petite passation de témoin que mon pote Julien garde précieusement en lui.

* * *

Même si les résultats tardent à sourire, le Marseillais se sent à l'aise dans son nouveau costume. Heureux d'avancer avec les gamins. Jusqu'à ce que la jalousie le rattrape et qu'une sombre histoire de guéguerre entre le Real et la Fédération espagnole de football vienne polluer son existence.

Les responsables du football ibérique refusent de reconnaître le diplôme que Zidane est en train de passer de l'autre côté des Pyrénées et, le 27 octobre 2014, vont même jusqu'à le sanctionner. Trois mois de suspension, trois mois sans pouvoir exercer son nouveau métier. Le ridicule paradoxe veut que le Français, avec son niveau de qualification, soit autorisé à entraîner une équipe en Ligue des Champions, la plus prestigieuse compétition de clubs au monde, mais l'Espagne lui ferme la porte de sa minuscule troisième division. Victime collatérale d'une lutte d'influences qui le dépasse, Zizou reçoit cette interdiction de faire son job comme un coup en pleine face. Il est sonné. Je le contacte sans grand espoir de réponse. Mais il rappelle trente minutes plus tard :

> « C'est surréaliste. Cela fait trois ans que j'étudie pour obtenir ce diplôme, je démarre tout en bas pour ne faire chier personne et pouvoir progresser tranquillement alors que j'aurais pu entraîner ailleurs en première division. Et finalement ça se retourne contre moi. »

L'homme me dit sa tristesse et sa révolte car, malgré les documents fournis par les autorités footballistiques françaises, les Espagnols ne veulent rien savoir. La bataille devient violente alors que la cohorte des faux-culs et des jaloux débute sa parade. Les révérencieux et les courtisans d'autrefois changent d'habits et se mettent à tirer sur ce qu'ils croient être une ambulance. Grave erreur. C'est un char d'assaut qui sort du bois, bien aidé par le service juridique du Real et par la justice sportive qui donne évidemment raison à Zizou. Il peut donc travailler librement, même si certains collègues perdent leur dignité dans des reproches indignes et dans une farouche volonté de l'empêcher de s'asseoir sur le banc. L'entraîneur du Rayo Vallecano, petit club du sud-est de Madrid qui oscille régulièrement entre la première et la deuxième division, prend la tête de la révolte anti-Zidane. Il se nomme Paco Jémez et voudrait bien avoir l'air mais n'a pas l'air du tout. Personnage de *Ces gens-là* où l'accent andalou s'inviterait au flamand « brélien » et qui, deux ans plus tard, une fois Zizou à la tête du grand Real, lui fera des courbettes et s'évanouira dans le dithyrambe.

Une remarque malicieuse de ma part à Jémez en conférence de presse me vaudra une volée de bois vert et un record de vues sur YouTube. On m'accusera de trop défendre mon compatriote, mais la chasse à l'entraîneur français est tellement criante que mon réflexe patriotique me semble naturel. Une fois oublié ce lamentable épisode, Zizou s'installe dans un agréable train-train et si son « Castilla » n'atteint pas l'objectif des barrages d'accès à la deuxième division, le bilan de sa première saison comme numéro un est plutôt positif. Assez en tout cas pour le faire sentir prêt au grand saut. Carlo Ancelotti, à la tête des pros, vient d'être remercié par le club et Zidane pense sérieusement à la place vacante. Au centre d'entraînement de Valdebebas, seulement une dizaine de mètres sépare son bureau du trône royal de l'équipe première. Zizou ne dit rien, ne dépose même pas sa candidature, mais lorgne le poste avec une délicieuse envie. Il ne bouge pas et attend sagement l'appel de son président. Le portable reste cependant silencieux et c'est Rafael Benítez, un coach espagnol reconnu mais bien peu glamour, qui est choisi. C'est là que j'en viens à jouer les madame Irma.

> « Zizou, David (Bettoni, son adjoint), en novembre vous serez assis sur le banc du grand Real. Préparez-vous. »

C'est juin 2015 et je suis passé voir Zidane et Bettoni à leur quartier général. La saison est terminée et le coach et son adjoint expédient les affaires courantes tout en préparant le prochain exercice qui débutera courant juillet. Je sens le Marseillais un peu déçu de ne pas avoir sauté de classe mais c'est finalement son côté philosophe qui semble l'emporter. Il le dit simplement :

> « C'est que mon heure n'était pas venue… Il faut l'accepter. »

Zinédine a toujours été patient et sait parfaitement gérer ses désirs. Ses mots sincères dénotent aussi son envie de se remettre à l'ouvrage. Juste après des vacances en famille, loin du tumulte du football. Quand pointent les beaux jours, il aime louer un bateau avec skipper et s'enfuir au large avec les siens. Pas de photos, pas d'autographes, pas de Zidane la star mais un papa et ses enfants, un mari et sa femme. Cachés par les flots.

J'insiste sur mes prévisions, je déploie ma théorie.

> « Après ces deux années avec Ancelotti, un coach adoré par les joueurs, Benítez ne saura pas se faire accepter dans le vestiaire. Il est trop rigide, trop froid pour cela. Sincèrement, je pense qu'il va se planter et que tu seras le recours idéal pour Florentino Pérez. Ce sera avant Noël. »

Je me base sur ma vieille expérience et ma grande connaissance de ce club qui reste une association à but non lucratif dont les supporters sont les véritables propriétaires et à qui revient, tous les quatre ans, la responsabilité d'élire le président. Ne jamais sous-estimer l'aspect politique du fonctionnement du Real où le « patron » se doit de complaire aux électeurs. En cas d'échec de Benítez, ce que je sais plus que probable, nul doute que Pérez se tournera vers Zidane, cet être intouchable adulé par tout le peuple madridiste. Une solution d'urgence qui calmerait les symptômes de crise et allumerait la mèche de l'espoir. Zidane accepte mon hypothèse mais se refuse à regarder un quelconque calendrier :

« On verra bien… On verra bien. »

Un sourire agrémente sa banale réflexion. Et c'est avec le courage de celui qui ne renonce jamais qu'il reprend le collier de la troisième division et l'avenir de cette ambitieuse jeunesse placée sous ses ordres et sa protection. Je double à nouveau mes visites aux stades. Dans le grand pour suivre le Real, dans le petit pour observer Zizou et son Castilla. L'automne apporte son lot de victoires au coach français alors que, chez les pros, Benítez prend la posture d'un souffreteux. Personne ne donne cher de la peau de l'Espagnol quand le FC Barcelone, rival historique obsédant, vient s'imposer avec fracas dans l'antre madrilène. Les rumeurs s'entrechoquent mais conduisent toutes vers un seul homme. Cela faisait plusieurs semaines que je plaisantais avec Zidane sur cette campagne médiatique en sa faveur, et que je lui rappelais ma prédiction du printemps. Il en riait à chaque fois. Jusqu'au jour où il n'en rit plus.

Comme chaque dimanche toutes les deux semaines, quand le Castilla joue à domicile, en cette fin novembre 2015, j'assiste à la rencontre et me présente à la conférence de presse de mon compatriote. Comme il ne s'agit que de troisième division, les représentants de la presse sont peu nombreux et pour la plupart débutants ou simples stagiaires. Avec mes vingt-cinq ans de métier dans la sacoche, je fais figure d'ancêtre, de patriarche. Privilège de l'âge et de passeport, après chaque intervention de Zidane face aux caméras, je suis autorisé à le rejoindre dans la zone réservée aux employés du club pour une petite discussion amicale sans crayon ni micro. Pour du *off*, comme on dit dans le jargon. Comme d'habitude, je lui fais ma petite remarque sur sa nomination prochaine au poste d'entraîneur du grand Real, mais cet après-midi-là, j'observe son visage se fermer brutalement. Zizou change immédiatement de sujet de conversation et bifurque sur une action anodine du match qui vient de se dérouler. Bien entendu je n'insiste pas alors que David Bettoni, qui a suivi notre échange, évoque lui aussi un sujet tactique sur le placement des défenseurs centraux de l'équipe adverse, ou quelque chose de ce genre. Le débat tourne court et je rentre chez moi quelque peu préoccupé. À bord de ma Twingo bleue, je repasse un à un les gestes du Marseillais et cette brutale esquive à ma blague. Suis-je devenu trop lourd avec cette histoire ? Non, j'en arrive à une tout autre conclusion. J'en arrive à LA conclusion. De retour à la maison, j'envoie un SMS à Zizou :

> « Je te connais depuis trop longtemps pour ne pas voir que quelque chose te turlupine. Je crois que tu sens, ou que tu sais, que le grand jour est pour bientôt. Sache que ce sera pour moi un immense plaisir de conter cette nouvelle aventure. »

Moins de dix secondes plus tard, je reçois de sa part un clin d'œil sous forme d'émoticône très révélateur. J'apprendrai par la suite qu'il ne savait pas encore mais que, oui, il sentait que sa nomination était toute proche. Elle arrive finalement le 4 janvier 2016, au lendemain d'une nouvelle contre-performance du Real, à Valence cette fois. Deux mois après mes prévisions. J'avais mal visé quant à la date mais pas sur le fond de l'affaire, car

Zidane est bien le recours idéal pour une équipe boiteuse et un club inquiet. Le soir même, Florentino Pérez me raconte la négociation, le constat d'une évidence :

> « J'ai appelé Zizou ce matin et je lui ai demandé : "Veux-tu devenir l'entraîneur du Real Madrid ?" Il m'a dit oui tout de suite. Et le tour était joué en quelques minutes. »

Rencontre de deux envies, coïncidence de deux êtres, deuxième rendez-vous inéluctable dans l'existence de deux hommes qui s'aiment et se respectent. Quinze ans après ses premiers pas fébriles dans la capitale espagnole, Zidane marche vers un nouveau destin madrilène où le risque se pointe sans carton d'invitation. Et s'il maculait sur le banc la gloire si durement acquise sur le gazon ?

> « Je ressens un peu plus d'émotion encore que lorsque j'ai signé ici comme joueur, mais je crois que c'est normal. Je veux simplement dire que je vais mettre tout mon cœur dans ce club et tenter de remporter quelque chose à la fin de la saison. »

Zizou bafouille quelque peu son espagnol, ruine la concordance des temps si chère à la langue de Cervantes, de Lorca et de Julio Iglesias. Mais son bonheur et sa sincérité suffisent à rendre belle la cérémonie officielle de présentation. C'est à moi que revient le micro pour la première question au nouvel entraîneur. La fierté me chatouille le bas du dos. Parce que je le tutoie et l'appelle « Zizou », comme chaque jour depuis toutes ces années, quelques pisse-froid de la presse française sortiront contre moi leur pistolet à eau et leur dialectique sur l'objectivité journalistique. Comme si le « tu » était un signe de dépendance et de soumission. Je me dis qu'ils auraient sûrement rêvé d'être à la place du ch'ti français de classe moyenne, pas sorti de leurs écoles à péage, mais investi au premier rang de l'événement. Les yeux dans les yeux de l'idole de la République. Je savoure. L'Espagne savoure. Toute l'Espagne ? Non, un village peuplé d'irréductibles Catalans résiste encore et toujours à la vague d'emballements et de sourires. Sur sa Une, le journal sportif barcelonais *El Mundo Deportivo* décrit le coach français comme un *parche*, une pièce de rapiéçage sur un habit troué. L'auteur faussement inspiré de ce titre mesquin ne sait pas encore que Zizou vient d'enfiler un smoking.

Chapitre 4

Sur le banc du succès

La vie de Zinédine Zidane est parsemée de délicates coïncidences, de moments qui se répètent, de dates qui reviennent, de jours qui se reflètent dans un miroir. Si le premier acte madrilène glorieux du Français, balle au pied, avait eu lieu le 5 janvier 2002 pour une rencontre fondatrice à Santiago-Bernabéu, c'est encore une veille d'Épiphanie, le jour des Rois mages si chers aux Espagnols, qui marque ses débuts d'entraîneur de la grande équipe du Real.

En cette fin de matinée du 5 janvier 2016, des milliers d'enfants ont été invités à assister aux exercices de leurs idoles. Un cadeau aux gamins supporters prévu de longue date et sans aucun lien avec la nomination du nouveau coach. Mais qui tombe franchement bien. Je suis évidemment dans les gradins, la casquette du RC Lens vissée sur le crâne. Mon tendre cœur bat la chamade et mon crayon de bois frissonne sur les pages à rayures du carnet Moleskine noir que j'inaugure ce jour-là.

Je suis pleinement conscient de vivre un moment historique et je tente de prendre ce petit et éphémère recul qui permet de graver les choses, de les savourer à leur juste parfum, de les photographier avec les pupilles pour cet album de souvenirs qu'on feuillette plus tard, à l'automne de sa vie. Comme je l'ai fait une fois pour une histoire d'amour nocturne et furtive dans un avion d'Air France entre New York et Paris, puis une deuxième fois pour cette soirée d'été improbable où un insigne bleu de la République est venu atterrir sur le revers de mon veston.

Oui, Zizou, le double buteur de la finale de France 98, l'un des symboles statufiés de mon pays, celui-là même qui n'imaginait pas une seule seconde passer de l'autre côté du terrain et l'affirmait avec aplomb, va diriger sous mes yeux les plus célèbres footballeurs de la planète. Cristiano Ronaldo, Marcelo, Karim Benzema, Luka Modric, Sergio Ramos et leurs compagnons de fortune sortent un à un du tunnel des vestiaires. Les cris de la marmaille sont assourdissants au passage de ces êtres souriants, guillerets même, et vêtus d'un jaune poussin des plus criards. Rien de comparable cependant à la majestueuse ovation qui jaillit des âmes et des gorges à l'arrivée du héros à la tête fraîchement rasée. Zizou est apparu en dernier, comme le font les stars du music-hall, précédées en première partie par les vedettes américaines. Mais celui que beaucoup d'admirateurs décrivent comme un dieu du football ne marche pas seul sur les eaux de la renommée et du miracle. Il est affublé de ses deux adjoints, compatriotes fidèles, aidants dévoués, pour former une trinité de labeur et de succès qui ne se séparera jamais. C'est une règle immuable du milieu, un entraîneur de haut niveau débarque toujours dans un club avec son staff de confiance. David Bettoni et Hamidou Msaidié escortent Zizou jusqu'au gazon. L'homme est vêtu d'un survêtement gris bleuté où la lettre Z doublement brodée s'impose sur la veste et sur le pantalon. La première à droite, la seconde à gauche. Il y a quelque chose d'enfantin dans ces inscriptions. J'aime ça. Comme un souvenir de ces habits de cours de sport où nos mères écrivaient nos noms sur les étiquettes blanches cousues dans le cou, pour ne pas les confondre avec ceux des camarades de classe et les retrouver plus facilement en cas d'oubli malheureux. Zidane foule la pelouse avec envie, observe avec délectation les *toros*, ces rondes d'échauffement ludiques où les joueurs se moquent gentiment du coéquipier puni pour avoir raté une passe. Une sorte de balle au prisonnier circulaire pour adultes.

Le regard enjoué de l'entraîneur ne quitte la sphère jaune et orange à damier que pour fixer les mouvements de jambes remuantes de ses garçons. Zizou est comme obnubilé. Quelques minutes auparavant, il les a salués un à un dans le vestiaire. Réservant une accolade aux plus anciens, comme Ramos avec qui il a joué lors de sa dernière saison, et une petite tape amicale rassurante aux plus impressionnés par cette apparition sans halo. Pas évident de voir débarquer une telle personne dans sa vie. Les premiers mots de Zidane furent simples :

> « Je suis très content d'être à vos côtés pour cette nouvelle aventure qui se met en marche. Nous avons des objectifs clairs et nous devons tout faire pour les atteindre. »

Un ton direct, sans fioriture, adopté au premier jour et qui restera le sien au long de son épopée sur le banc entre janvier 2016 et juin 2018, même chose depuis son retour en mars 2019. Zizou me l'expliquera souvent :

> « Quand j'étais footballeur, je détestais quand l'entraîneur faisait de longs discours. Pareil pour mes coéquipiers qui n'écoutaient plus au bout de dix

minutes. Alors, aujourd'hui quand je dois parler à un joueur, je limite mes mots à un ou deux messages pour toujours finir par "et maintenant prends du plaisir sur le terrain". Rien de moins, rien de plus. »

Trop peu de temps pour préparer la première rencontre, impossible d'imprimer sa marque en quatre jours d'entraînement, c'est donc la simple énergie de sa nomination qui active le groupe face au Deportivo La Corogne, visiteur du stade Santiago-Bernabéu pour un match de championnat. Cette même équipe, ô nouveau glorieux hasard, contre laquelle le Zizou footballeur avait marqué le fameux but du réveillon de l'Épiphanie quatorze ans auparavant. Le but initiateur d'une idylle qui connaît désormais un nouvel épisode aussi fort qu'inattendu. Ce samedi 9 janvier après-midi, et parce qu'il fallait que l'histoire fût belle d'entrée, et parce que le destin de Zidane n'a pas le droit de se contenter de peu, c'est par un résultat éblouissant que le Real de la nouvelle ère s'impose. Cinq buts d'un côté, zéro de l'autre, pour ce qu'en Espagne on appelle une *manita*, une petite main aux doigts écartés. Pas vraiment une claque dans la figure des sceptiques, des peines à rêver, plutôt le salut appuyé aux croyants spontanés de cette étrange aventure. L'idole de retour est bien décidée à se mettre en danger pour une cause supérieure. Cette fois, Zizou s'élance du grand trapèze sans filet. Ce n'est plus un poste d'adjoint sous l'égide paternelle rassurante de Carlo Ancelotti, ce n'est plus la confidentialité de la troisième division et des gamins en pleine croissance. Ici le monde entier le regarde et le juge. Bien sûr, la plupart des gens l'aiment, l'admirent et le soutiennent, mais son statut de joueur légendaire ne le protégera pas longtemps. Même auprès de ces footballeurs désormais sous ses ordres et dont l'émerveillement initial fera logiquement place aux attentes légitimes de tous les professionnels. Au besoin d'être dirigé, par un connaisseur, par un meneur, par un patron.

Qu'est-ce que commander ? J'étais encore un tout jeune journaliste à Lille, au quotidien régional *Nord Éclair*, quand j'ai posé cette question à un général qui partait en retraite. Sa réponse m'avait profondément marqué : « Commander ? C'est être un jeune officier dans un pays en guerre avec dix gars sous la mitraille et voir dix paires d'yeux vous demander ce qu'ils doivent faire pour sauver leur peau. » Dans le football, même si les gazettes ont tendance à abuser de termes belliqueux et excessifs, il est très rare que la mort soit au bout du rectangle vert. Mais l'idée d'une troupe menée à la baguette est chevillée à ces corps en shorts et maillots. Zidane est le premier à connaître la nécessité de faire ses preuves. Alvaro Arbeloa me l'explique merveilleusement bien, lui qui évolua sous les ordres du coach français dès son arrivée sur le banc :

> « Être une idole l'a aidé au début car naturellement les joueurs du Real se disaient : "Waouh, c'est Zidane qui me parle !" Nous buvions ses paroles. Mais tu sais bien comment sont les footballeurs, cela ne fonctionne qu'un temps et il faut vite que le coach prouve de quoi il est capable. »

Arbeloa a raccroché les crampons en 2017. Il est devenu un analyste très fin, un homme d'affaires et un ambassadeur pour le Real Madrid. Dans sa maison du quartier de La Finca, où résident grand nombre de personnalités du football, notre discussion sur Zidane se veut profonde et cherche à éviter le facile dithyrambe, le réflexe dégoulinant. Mais, naturellement, le constat de l'excellence envahit le discours de mon hôte :

> « Ce qui m'a surpris avec Zizou, et que je n'avais jamais vu auparavant avec un autre entraîneur, c'est son extrême souci du détail. Il cherche à tout contrôler, à tout prévoir avant un match pour que les joueurs ne soient jamais décontenancés sur le terrain. Tu le regardes et tu te dis : "Ce mec connaît le foot, ce mec sait regarder les rencontres et sait les lire !" »

Un talent, une conception de son nouveau métier qui seront rapidement mis à l'épreuve. Très vite et très fortement. D'abord le 27 février par une défaite à domicile, en Liga, dans le derby madrilène contre l'Atlético puis, le 6 avril, par un revers en quart de finale de la Ligue des Champions. La claque à Wolfsburg est violente, deux buts à zéro chez un modeste club allemand qui ne s'attendait même pas à voler si haut. Il reste un match retour à Madrid une semaine plus tard pour éviter le ridicule. Puisque c'est bien de ridicule qu'il s'agit. La menace pour Zidane de trébucher dès le premier petit caillou sur le chemin glace la partie madridiste de la capitale espagnole. Au bout seulement de trois mois, le scénario de ce film joyeux peut bifurquer subitement vers le mélodrame car, bien évidemment, une élimination de la compétition fétiche du Real face à un adversaire si mince et si fragile condamnerait l'entraîneur français. Avec les formes, avec douceur et diplomatie, le président Pérez expliquerait à Zizou, une fois la saison achevée, qu'il convient de chercher un remplaçant plus aguerri pour le banc madrilène. Et Zidane le comprendrait, lui qui n'aurait alors été qu'un simple intérimaire, une solution de rechange pour quelques mois, une rustine sur une chambre à air de bicyclette. N'importe qui aurait ressenti un immense vertige devant un tel risque de chute, face à l'annonce d'une telle brutalité. N'importe qui aurait tremblé de tout son corps, mais Zizou, lui, bande comme un étudiant en goguette. Le danger l'excite jusqu'à la câlinante perversité. Il l'affirme, l'assume et revendique son droit à la jouissance :

> « C'est pour vivre des moments comme celui-ci que je suis devenu entraîneur. »

Un goût pour le défi couplé à une exceptionnelle maîtrise de soi qui rassurent ses hommes et conduisent à la *remontada*, à la victoire par trois buts à zéro. Zidane évite la guillotine et unit ses troupes derrière lui. Par ses décisions tactiques et une attitude d'une grande humanité. Arbeloa ne l'oubliera jamais :

> « Zizou, c'est l'humilité même. Cette saison-là, je ne jouais vraiment pas beaucoup mais il se souciait de moi. À plusieurs reprises, alors qu'il ne m'avait pas retenu dans la liste pour le match du lendemain, il était venu me voir pour s'excuser. J'hallucinais car personne ne fait ça normalement. Je lui disais : "Coach, tu n'as pas à me donner d'explications, tu es contraint de faire des choix." Et je peux vous assurer qu'à l'entraînement suivant, je me défonçais encore plus. »

Cette douceur va de pair avec une autorité naturelle qui surprend. Le gentil souriant, le petit soleil de Marseille, peut se refroidir brutalement quand il l'estime nécessaire. Pour le bien commun, il s'impose comme ce qu'il doit être : le meneur, le boss, le chef. « Dans le secret du vestiaire, il est plus autoritaire que José Mourinho ! » me souffle un jour à l'oreille un vieil habitué du centre d'entraînement madrilène. Mourinho, aussi dénommé *the special one*, « le spécial » en français, référence absolue de la dureté, Père Fouettard du ballon rond, se voit donc supplanté par Zizou dans un domaine insoupçonné. Bettoni, le bras droit musclé, l'incorruptible ami, le sait mieux que quiconque :

> « Il n'est pas du genre à faire de la répression, à crier tout le temps dans le vestiaire mais, à un moment donné, il fait sentir qu'il n'est pas content. Surtout quand un manque de discipline se répercute sur le travail collectif. Il ne va pas péter un câble quand quelque chose lui déplaît fortement mais il le note et, dans une autre occasion, il le ressort. Et c'est là qu'il est très fort, car il marque le joueur. »

* * *

Le roulement du ballon emmène Zidane vers la demi-finale de la Ligue des Champions et le match décisif à Madrid après un bon nul accroché à Manchester contre City, le club de nouveaux riches financé par les Émirats arabes unis.

Ce 4 mai 2016, je frissonne un peu plus que d'ordinaire en me rendant au stade à pied. Les quinze minutes qui me séparent du lieu de fête se font en musique. Comme toujours. Le casque sur les oreilles, j'écoute en boucle *To France*, cette merveilleuse chanson de Mike Oldfield. Pourquoi ce choix ? Sûrement parce qu'elle unit joyeusement le mot « France », qui me fait penser à Zizou, et le génial musicien de la même nationalité que les adversaires du soir. Les algorithmes de mon cerveau n'en ont fait qu'à leur tête et j'ai cédé. Je suis nerveux, je serre le poing droit, je hurle le premier couplet en massacrant quelques mots anglais. D'aucuns diront que je me comporte comme un supporter de base, en adulation devant le Real de Zidane. Et pourtant, au-delà d'une logique petite affection pour un club que je fréquente professionnellement depuis si longtemps, ce soir-là je ne suis pas fan d'une équipe dans un match, d'un homme sur un banc, d'un résultat chiffré favorable. Je suis fan de la belle histoire que je pourrais écrire dans le journal et décrire à la radio. Je suis fan d'un livre qui ne doit pas se refermer trop vite, fan de mon métier de conteur. La victoire face au représentant de la perfide Albion, sèche et évidente, libère le droit aux louanges et propulse mon compatriote en finale de ce tournoi éclatant qui domine l'Europe et le monde. Un triomphe face à l'Atlético de Madrid, voisin et rival historique, légitime accompagnateur dans le duel au sommet, assoirait réellement Zidane sur son siège d'entraîneur. Tension maximale d'un rendez-vous qui s'achève par l'épreuve des tirs aux buts où cinq garçons de chaque côté tentent exclusivement de tromper un gardien aux gants de cuir. Moment intense et cruel où le talent compte bien moins que le sang-froid et la chance. Zizou est hilare. Zizou s'amuse. Zizou est tout près d'exécuter quelques pas de danse sur le bord de la pelouse alors que la nervosité et le doute contaminent les corps et les têtes des acteurs du dernier acte de la pièce à suspense et des dizaines de milliers de spectateurs du stade de Milan qui n'osent plus respirer. Mais Zizou ment, Zizou trompe, Zizou simule. Zizou est en feu à l'intérieur de lui-même, mais il dédramatise l'instant pour protéger ses hommes. Qu'est-ce que commander ? C'est prendre la peur sur soi. Il m'en parlera quelques semaines plus tard quand j'irai le féliciter pour cette conquête de son premier trophée. Puisque, bien entendu, conquête il y a eu :

> « À quoi aurait servi de transmettre ma crainte à mes joueurs ? Ils en avaient déjà bien assez avec la leur. Alors j'ai bien gardé la mienne et joué au mec détendu. »

Zidane a donc gagné le droit de continuer, l'autorisation de bâtir sa saison depuis le début et pas simplement de reprendre, au milieu de l'année, un flambeau qui s'éteint. Raviveur de flamme, il se fixe un objectif essentiel : remporter la Liga, le meilleur championnat du monde. Un titre que le Real ne sait plus attraper depuis une décennie, laissant au Barça l'opportunité de le glaner presque chaque année. C'est un cadeau que Zizou veut offrir à son club, mais aussi un cadeau pour lui-même. Il a beaucoup souffert des critiques sur son travail à la tête du Castilla, l'équipe réserve madrilène en troisième division. Encore plus du manque de reconnaissance, surtout en France, de sa responsabilité directe dans la victoire en Ligue des Champions. Que ressentir quand Didier Deschamps, son ancien coéquipier à la Juventus et en équipe de France, affirme qu'il est plus facile de gagner quand on dirige les stars du Real ? Alors Zidane veut prouver aux culs-serrés et aux cœurs desséchés que lui aussi est capable de mener une campagne victorieuse, depuis le mois de juin où l'on fixe les grandes lignes, jusqu'au mois de mai où l'on récolte les trophées. Il ne se sentira réellement légitime qu'en dominant l'Espagne, un an après avoir conquis l'Europe.

Mon cher compatriote se donne les moyens de son ambition. Pour boulonner sa statue, il s'impose encore davantage dans le vestiaire, écarte les tire-au-flanc et prend les stars entre quatre yeux. Cristiano Ronaldo, l'homme le plus célèbre du monde si l'on en croit son nombre d'amis sur les réseaux sociaux, est convoqué dans le bureau du maître. Le Portugais vient de gagner l'Euro en France et, alors que se termine le mois d'août 2016, son genou en vrac le fait terriblement souffrir. Zidane s'infiltre dans la brèche pour tenter l'exploit là où d'autres coaches se sont brisé les dents. Le tête-à-tête se déroule dans le bureau de Zinédine, autour de la table rectangulaire blanche et quelconque où le staff technique prépare les matches. Zizou écoute son passé et ouvre le bal des mots :

> « Cristiano, si tu me fais confiance, si tu acceptes de moins jouer et de t'offrir des plages de repos, tu vas non seulement mieux terminer la saison mais aussi prolonger ta carrière sportive. »

Priver l'attaquant le plus prolixe de la planète de précieuses minutes sur le terrain, risquer logiquement de faire chuter ses statistiques, limiter son temps de plaisir et de domination, l'œuvre castratrice menée par Zidane n'est pas simple à mettre en place. Il parvient cependant à convaincre Ronaldo de changer ses dévorantes habitudes et le déroulement de la saison démontre que tout le monde va y gagner. Cristiano brille, l'équipe scintille et les titres s'accumulent. D'abord la Supercoupe d'Europe, ensuite le Mondial des clubs, puis la Liga, avant une nouvelle apothéose en Ligue des Champions. Avec, pour chaque coupe à soulever vers le ciel, la marque au fer rouge d'un entraîneur qui s'affirme dans son autorité, dans son imagination et dans sa splendeur. Tout en rappelant les limites de son pouvoir avec une humilité jamais feinte. Il me le dit clairement :

> « Je ne prétends pas inventer ou réinventer le football. Je cherche simplement à mettre mes joueurs dans

les meilleures conditions pour qu'ils puissent exprimer leur talent. »

Il n'empêche que ses choix cognent sur le jeu et les résultats tel le marteau sur l'enclume. Façonneur d'acier humain, forgeron de caractères gagneurs. Chaque jour à l'entraînement, il exige et offre trois choses : de la qualité, de l'intensité et du plaisir. Trio conceptuel qui se retrouve en match, dans ces moments de lutte où le bonheur de caresser la balle ne doit pas s'abandonner au profit de la seule compétitivité, de l'unique objectif de gagner. Le football est un tout. Zidane prend des risques fous par souci d'aller au bout de son idée. S'il faut échouer et se perdre, ce sera avec sa conception à lui, pas dans un compromis avec la vision des autres, des conseilleurs jamais payeurs qui pullulent parmi les dirigeants, les supporters, les journalistes et autres commentateurs de tout poil.

Les exemples de sa manière de fonctionner si particulière sont pléthores et prennent tout leur sens dans cette saison 2016/2017, celle de l'installation et de la consécration. Zinédine a créé un style, une méthode où tous les joueurs doivent entrer en scène, où l'utilisation des vingt-cinq membres de l'effectif se fait, justement, effective, où la politique de rotation entre les matches n'est pas négociable, où chacun peut passer du onze titulaire à la tribune, et inversement. Même quand le 23 avril son Real perd à domicile contre le Barça, que la première place au classement du championnat est en danger et que la logique voudrait que le coach assure le coup trois jours plus tard à La Corogne avec une équipe composée de stars, Zizou réalise les huit changements qu'il avait prévus depuis longtemps et aligne ses seconds couteaux. Galvanisés par cette confiance de leur entraîneur à un moment charnière et délicat, ils l'emportent en terre galicienne avec six buts à leur compteur. Zidane mise gros, Zidane gagne gros. Le triomphe pèse très lourd, il est quasi définitif dans la conquête de la Liga. Ce trophée qui surgit le 21 mai et qui accorde au technicien français cette légitimité qu'il cherchait tant. Il savoure et contextualise :

> « La Liga est le championnat le plus difficile au monde. C'est le trophée de la régularité, de la prévision, du travail au quotidien. Oui, celui qui me fait le plus plaisir. Cet « au jour le jour » qui permet de rester vivant dans toutes les compétitions. »

Aux paillettes de la Ligue des Champions, Zizou préfère donc la sueur de la Liga. Face aux voyages européens, Zizou chérit davantage les balades ibériques. La solidité avant le brillant, le travail quotidien et répétitif avant les coups de génie ponctuels. Pas question cependant de renoncer à la Coupe continentale qui lui ouvre de nouveau les bras, cerise d'un délicieux gâteau venant conclure une année de festin. La finale de Cardiff du 3 juin 2017 face à la Juventus Turin, son ancien club, met en lumière l'art oratoire et l'efficacité du message de Zizou à l'instant crucial. Celui qui fait basculer le destin d'une rencontre. Chacun pourra l'apprécier grâce à une petite caméra « espionne » installée dans le vestiaire par Realmadrid TV, la chaîne officielle du club, pour un film diffusé quelques mois plus tard. C'est la mi-temps du match et les deux équipes sont au coude à coude, à un but partout. Le duel est rude, comme toujours face aux compétitifs Italiens. Alors que les joueurs reprennent leur souffle et boivent quelques gorgées d'eau, Zidane écarte du pied une serviette de toilette qui jonche le sol. Costume noir, cravate noire, chemise blanche, il se place au milieu du vestiaire et relève la tête. S'ensuit un discours de deux minutes, d'une immense clarté, que personne n'ose interrompre ne serait-ce qu'une seconde. Le coach né à Marseille se veut pragmatique et direct. Il parle de la nécessité de la souffrance, de l'incontournable sérénité des champions et de l'évidence du but qui va apparaître. Ses recommandations techniques et tactiques sont limpides, éloignées de tout dogme réducteur, il demande de chercher de l'amplitude, d'ouvrir le jeu vers les ailes et de centrer en retrait. Prévision implacable puisque, sur les trois buts du triomphe final que les Madrilènes marqueront dans la deuxième période, deux viendront exactement de cette manière. Avec ses mots simples, Zidane a sculpté l'avenir. Et toujours ce ton mesuré, cette voix forte mais calme. Pas d'appel à la testostérone, pas de harangue guerrière, pas d'envol lyrique mais un petit *vamos* pour lancer une réconfortante salve d'applaudissements collective. Puis il se place à la porte de sortie et donne une petite tape à chacun de ses joueurs qui s'engagent dans le tunnel conduisant à l'arène galloise pour le deuxième acte.

Contact physique fraternel, transmission d'énergie vitale, Zidane est auprès de ses gars par le corps et par les mots. Un échange qui va pourtant s'avérer moins fructueux la saison suivante malgré une fin d'été tonitruante marquée par deux nouveaux trophées, la Supercoupe d'Europe et la Supercoupe d'Espagne. Auquel s'ajoutera, peu avant Noël, un autre titre de champion du monde des clubs. Avalanche de récompenses qui invite à une certaine apathie dans le groupe de footballeurs. Les conquérants sont repus alors que la faim tiraille toujours Zizou. Premier décalage dans une union jusqu'ici parfaite et qui connaît son point critique le 24 janvier 2018 à l'occasion d'une banale rencontre de Coupe du Roi. Vainqueurs à l'aller, les Merengues s'effondrent en quart de finale retour chez eux à Santiago-Bernabéu face à Leganés, sympathique mais farouche petit club de la banlieue de Madrid. Honteuse élimination, derrières rougis par la fessée, sifflets dans les gradins, dépit général, impuissance collective, colère individuelle. Zidane a le regard noir, les traits de son visage se sont durcis en seulement quelques minutes. Il est abattu comme jamais je ne l'avais vu après une partie de ballon dirigée depuis le banc. Il a déjà connu des revers, mais celui-là le blesse cruellement. Il ne cherche pas d'excuse, ni à ses joueurs ni à lui-même. Face aux caméras et aux micros, il prend la mesure de l'échec. Il parle lentement, très lentement. Comme pour donner encore plus de valeur aux mots qu'il prononce et dont je ne mesure pas encore la portée dramatique, ni leurs conséquences à court terme :

> « C'est la pire soirée de ma carrière d'entraîneur. Nous n'avons pas le droit de jouer de la sorte. Je vais assumer ma responsabilité. C'est une violente gifle que nous venons tous de recevoir et je suis très énervé. »

Cette triste veillée hivernale vole au-delà du courroux, dépasse l'irritation du professionnel mécontent d'un manque de performance. Zidane se sent abandonné par ces hommes qu'il a tant protégés, tant défendus, tant aimés. Pire que la colère, la déception. Ses gestes sont mesurés, comme décomposés par le ralenti d'une caméra de cinéma d'auteur. Le temps du bonheur s'est brutalement congelé et la petite graine de la lassitude vient de tomber dans le sillon d'une terre fertile. Même le nouveau sacre européen, le 26 mai à Kiev contre Liverpool, ne pourra l'étouffer. Elle a grandi peu à peu, insidieusement, alors que le Real connaissait un nouveau désastre en championnat et que les footballeurs donnaient le sentiment de trier leurs matches, de n'offrir leur talent et leur envie qu'à des moments bien choisis. Zizou ne savait plus les sublimer pour l'excellence au quotidien. Le guide avait perdu la boussole. Alors la graine, comme toutes les graines, fleurit au printemps et, le 31 mai 2018, Zidane annonce son départ sous l'œil humide et ridé du président Florentino Pérez. Je suis bouleversé car je pressens qu'il ne reviendra plus.

Et puis neuf mois plus tard. Et puis le 11 mars 2019. Et puis son retour. Et puis mon nouveau carnet Moleskine (bleu marine). Et puis ce message d'un de ses proches sur mon téléphone :

« Imprévisible Zizou. »

Chapitre 5

La tunique bleue

« Plus bleu que le bleu de son maillot bleu, je ne vois rien de mieux, même le bleu des cieux. » Petit pastiche facile d'une chanson mythique tellement française qui donne envie de danser et de danser jusqu'à l'évanouissement dans une valse folle.

Oui, la carrière de Zinédine Zidane en équipe de France donne le tournis. Qu'est-ce que serait Zizou sans cette couleur qui a tapissé les parois de son âme et de son cerveau ? Comment imaginer son destin hors du commun sans la sélection de la République ? Le sang bleu de l'anoblissement footballistique et personnel coule dans les veines de Zizou avec un débit d'une puissance exceptionnelle.

Je l'ai ressenti plus que jamais le 4 août 2005 dans une chambre d'hôtel d'Irdning, joli village des Alpes autrichiennes. Alors en stage de préparation de pré-saison avec le Real, il avait annoncé la veille, par communiqué, son retour en équipe nationale. Plaquant toutes mes obligations, emballé par cet événement considérable, ayant hâte de rejoindre Zizou le revenant, j'avais pris un train, un avion, puis une voiture pour le dénicher dans cette bourgade paumée à l'air pur et aux vaches à cloches. On était bien loin du château de Schönbrunn et de Sissi l'impératrice, des dorures et du faste que la proclamation d'une telle nouvelle aurait mérités, mais l'endroit coquet et tranquille donnait un certain charme à notre rencontre. Et puis, surtout, la difficulté d'accès empêchait l'arrivée d'une horde de reporters français qui aurait bien évidemment perturbé l'interview que je souhaitais réaliser. Pourquoi revenait-il ? Un an auparavant, presque jour pour jour, Zizou avait soigneusement plié la tunique bleue et l'avait rangée dans le tiroir des souvenirs, en haut à droite. « À un moment donné il faut savoir dire stop », avait-il écrit sur son site Internet. Mais ce fut « stop » et puis « encore ».

« Tu m'imagines en bleu avec le brassard ? La classe... »

J'avais rarement vu Zidane aussi radieux, aussi heureux d'une décision qui était la sienne. Et uniquement la sienne. Son épopée avec l'équipe de France ne pouvait donc pas s'arrêter sur deux échecs consécutifs, deux honteuses éliminations au Mondial 2002, où sa cuisse l'avait trahi, et à l'Euro 2004. Le goût d'inachevé dans la bouche, la sensation de devoir donner un peu plus encore à son pays, l'envie d'une sortie grandiose avec le Mondial en Allemagne dix mois plus tard. Et puis, ce brassard de capitaine qui l'attend...

Zizou se projette, son désir est si fort, si éclatant, que je parviens moi aussi à le visualiser revêtu de l'habit de maréchal de France. L'envie de fierté l'a poussé à ouvrir un nouveau chapitre chez les Bleus. La fierté que ressentira son père, la fierté qui rugira en lui-même. Ce morceau de tissu de trente centimètres de long et sept de large qu'on fixe autour du bras gauche sera la consécration, la réussite ultime, la conquête de la reconnaissance définitive pour ce fils d'immigré algérien. La recherche de symbole, consciente ou non, n'est jamais anodine chez Zizou. Il me fait entrer dans sa chambre pour un entretien à paraître le lendemain dans *L'Équipe*. Ça sent très bon. Mon regard cherche la source de ce parfum tellement distinct des odeurs de musc habituelles des joueurs de ballon. Elle est là. Une petite bougie brûle sur la table de chevet, elle diffuse des effluves de vanille et de délicieuses épices que je ne peux clairement identifier et nous conduit vers une douce discussion. Nous nous asseyons sur son lit. Zidane aime la France, sa France. Zidane aime les Bleus, ses Bleus. Tous ses mots le disent. La République a construit un citoyen et la sélection a construit une idole. Les deux lui ont terriblement manqué. De même que cet ajout de compétitivité que l'équipe nationale apporte au sportif de haut niveau, de ces rendez-vous toujours spéciaux qui se présentent plusieurs fois par saison et qui donnent du sens à une carrière. Il ne veut pas être un demi-footballeur, amputé de sa moitié. Il a besoin de lutter sur les deux fronts. C'est en découvrant cette déchirure ressentie par Zizou durant toute une année et la félicité des proches retrouvailles que je mesure cet attachement prodigieux.

Le voyage mental qui débute alors conduit au 17 août 1994 et aux vœux de fidélité que Zinédine Yazid Zidane, fils de Smaïl et Malika, prononce au parc Lescure de Bordeaux. Ce soir-là, cette équipe de France qu'il séduit pour la première fois en disputant son match baptismal comme international, il promet de la chérir dans le bonheur et dans les épreuves. Il ne sait pas encore qu'il connaîtra ces deux situations jusqu'à l'extrême, jusqu'à l'absolu, jusqu'à l'extase et jusqu'à l'intense douleur. Petit avant-goût, il entre à la 63e minute de la rencontre face à la République tchèque et, alors que les Bleus sont menés par deux buts à zéro, le petit nouveau inscrit un doublé. C'est parti pour un tour. Un long tour. Un magnifique tour. La présence de Zidane à l'Euro 1996 en Angleterre, après de brillantes prestations durant la phase de qualification, devient plus qu'évidente. Elle est essentielle pour un homme incontournable et bienveillant nommé Aimé Jacquet. Le sélectionneur grisonnant aux lunettes détourées a compris ce qu'il avait entre les mains et sur la pelouse. Il investit Zizou en tant que meneur de jeu titulaire de son équipe, la base d'un majestueux projet qui fera bientôt frissonner l'Hexagone. Mais, alors que les îles Britanniques se devinent au loin, alors que se dessinent peu à peu les falaises blanches de Douvres pour cette phase finale de l'Euro 96 qui doit le propulser au sommet, une traîtrise automobile brise l'élan de Zinédine. Christophe Dugarry se souvient :

> « À l'époque, un sponsor des Girondins de Bordeaux nous prête une BMW à tous les deux. Et Zizou a un accident. Un très grave accident. Il est touché à la tête et puis, surtout, il prend le levier de vitesse dans une fesse. Ce qui produit une contusion, une béquille comme on dit, un hématome impossible à résorber. Il est bloqué, il a mal et joue cet Euro à cinquante pour cent de ses capacités physiques. Ce coup du sort, l'élimination des Bleus en demi-finale, va alors faire de la Coupe du monde 98 un événement encore plus important pour lui. »

Un Mondial qui connaît en quelque sorte son premier acte le 28 janvier 1998 avec le match inaugural du Stade de France. Dans un froid polaire, des stalactites de glace descendent du toit de l'édifice ovale de Saint-Denis. Le gazon est gelé pour cette partie de ballon contre l'Espagne, le pays choisi pour accompagner l'événement. Zidane défie le froid et inscrit le seul but du match. Il triomphe de l'adversité météorologique comme son père l'avait fait lors de l'hiver 54, à quelques centaines de mètres de là. Tout a du sens chez Zizou. Toujours. Question de destinée, de préparation à l'exceptionnel, d'ouverture au pas vraiment normal. On inaugure le stade le plus majestueux de l'histoire de France, et c'est lui qui grave le moment de son empreinte, qui laisse son nom sur la feuille de match. Premier but marqué dans cette nouvelle arène : Zidane, à la 20e minute. C'est comme ça avec Zizou. Ça le sera encore plus dans le futur proche et moins proche. France 98 commence le 10 juin et deux jours plus tard les Bleus se mettent en marche face à l'Afrique du Sud. Dugarry pose un serre-tête dans ses cheveux, signe le premier but sur une passe décisive de Zidane et tire la langue à ses détracteurs. Aux baveux qui l'accusent d'être un usurpateur, un passager illégitime, un invité imposé par son ami Zizou. Il m'en parle aujourd'hui avec détachement :

> « Bizarrement, je ne l'ai jamais pris pour moi, mais pour lui. Parce que moi j'ai très vite compris que c'était un milieu de jaloux, alors que Zizou est un gars très sain, très nature, très simple qui a mis plus de temps à se rendre compte qu'il y avait plein de mecs tordus dans le foot. Ce qui m'a vite agacé dans cette histoire, c'est qu'à travers les critiques sur notre amitié, on voulait l'attaquer et lui prêter de mauvaises intentions et de sales défauts. Que Zizou voulait me faire sélectionner à tout prix, que c'était un vicieux, un filou, un manipulateur. J'ai toujours trouvé ça tellement injuste,

tellement malhonnête. Parce que c'est juste un mec normal, un mec bien. Et encore maintenant, certaines personnes se disent que derrière cette belle image qui est la sienne, il y a bien quelque chose qui cloche. C'est triste. Je suis donc encore persuadé aujourd'hui qu'à l'époque on s'est servi de moi et de notre relation pour le salir. »

Ça déroule en France et pour la France, après le 3-0 contre l'Afrique du Sud, le deuxième match face à l'Arabie saoudite se termine par une belle victoire 4-0. Mais aussi par l'expulsion de Zidane, auteur d'une ruade chevaline sur un adversaire au sol. Dugarry voit de suite la peine de son ami :

« Il culpabilise. C'est un garçon très intelligent qui connaît parfaitement ses points forts et ses points faibles. Il sait que ce coup de sang n'a pas lieu d'être, que ce réflexe est ridicule et qu'il peut lui coûter très cher. »

La sanction tombe vite. Deux matches de suspension. Deux matches sans pouvoir aider les siens. Deux matches à se morfondre dans le mal-être de celui qui a fauté et ne se cherche aucune excuse. Vingt ans plus tard, ce souvenir reste douloureux. Zizou nous le raconte en mars 2018, à Jérôme Cazadieu, le directeur de la rédaction de *L'Équipe*, et à moi-même, pour un numéro spécial anniversaire France 98. Installé face à nous dans un canapé de la résidence de vie du centre d'entraînement du Real, éclairé sur le côté gauche par le puissant soleil du mai madrilène, il s'épanche :

« Aimé Jacquet n'est pas content, il a perdu son numéro 10, son leader de jeu. Pour lui, c'est la cata, quoi ! Sa réaction est normale, il ne me regarde même pas au moment où je sors du terrain. Il n'est pas content et le restera pendant un jour ou deux. »

Le sélectionneur reste même un moment sans adresser la moindre parole à son meilleur joueur. Quarante-huit longues heures. La douleur de Zizou est vivace. D'autant plus que Didier Deschamps, le capitaine, le pointe violemment du doigt à la sortie du match. Avant de regretter publiquement ses propos.

« Zinédine, c'est impardonnable. On sait que c'est un joueur impulsif mais bon, il va nous condamner sur plusieurs matches. Sachant l'importance qu'a Zidane dans notre jeu, c'est vrai que c'est un atout important que l'on perd. »

Comment solder cette dette envers un sélectionneur, un capitaine, des coéquipiers, un pays anxieux qui attend la fête ? Zizou a deux tours dans son sac. Deux coups de tête sur deux corners pour deux buts libérateurs qui propulsent la France vers l'éternité du football. Une finale gagnée face au Brésil, un cantique « Et un, et deux et trois zéro » pour une grande messe païenne, *I will survive* dans toutes les têtes, un trophée qui brille brandi vers la foule, un bal du 14 juillet avancé de deux jours dans toutes les communes de France, un champion qui devient une idole, un homme qui ne s'appartient déjà plus.

Bienvenue, monsieur Zidane, bienvenue dans une autre dimension. Parce que vous êtes béni entre tous les Français, parce que vous êtes sanctifié, parce que vous êtes leur icône, parce que vous êtes une relique qui doit les protéger et les consoler de toutes leurs peines. Parce que vous n'avez plus le choix. Maintenant, vous devez toujours triompher. Et ça commence par le Ballon d'or, la plus belle, la plus prestigieuse, la plus éclatante distinction individuelle qu'un joueur puisse recevoir. Le rêve avoué de tout gamin qui tape dans une balle. Le jury est composé de journalistes issus de multiples pays et réuni par *France Football*, mythique revue française. En cet automne 1998, les dignes électeurs n'hésitent pas longtemps avant de déposer leur bulletin dans l'urne avec, en haut de la liste, le nom de Zidane qui rayonne. Le trophée doré à l'or fin qu'il reçoit avec une intense émotion pèse douze kilos et l'enracine un peu plus dans son statut de footballeur majeur de la planète. Avec ce prix sur une étagère de son salon, il entre dans une caste de seigneurs dont on ne sort jamais. Vient alors l'Euro 2000 en Belgique et aux Pays-Bas, une étoile à gauche sur le maillot et l'étiquette de favori cousue dans le dos avec du gros fil bleu. Jamais aucune équipe n'est parvenue à enchaîner victorieusement une Coupe du monde et un Championnat d'Europe des Nations, puisque tel est le nom exact et complet de cette compétition qui accueille les meilleures sélections nationales du vieux continent. Zidane se charge d'emmener la troupe au son du clairon. Dugarry s'extasie encore aujourd'hui devant tant de grâce enregistrée dans sa mémoire :

« Il est exceptionnel, serein, tranquille. Et là j'ai vraiment le sentiment que c'est notre patron. Zizou est au summum, tous les ballons passent par lui. Le visage est radieux, l'homme est heureux, épanoui, et tout ce qu'il tente fonctionne à merveille. Il est créatif, génial, incroyable. J'ai l'impression que les autres joueurs n'ont jamais eu autant confiance en lui et qu'ils en deviennent plus forts. »

Alors Zinédine régale son monde avec des tas de passes somptueuses pour ses partenaires, de gestes délicieux et de buts décisifs. L'éventail est déplié. À la fois chef d'orchestre et soliste. À la fois architecte et bâtisseur. À la fois Zidane et Zizou. Bien sûr, il y a ce coup franc majestueux pour la victoire par deux buts à un contre l'Espagne, son futur pays de vie, en quart de finale. Mais sa splendeur de maître vient au moment crucial. « Bruxelles, attends-moi, j'arrive », comme dans la chanson de Dick Annegarn. La demi-finale contre le Portugal du 28 juin au stade Roi Baudoin dans la capitale belge prend des allures de film à suspense. Le match est serré, la tension terrible alors que l'égalité à un but partout entre les deux pays latins conduit vers la souvent cruelle prolongation de deux fois quinze minutes. Les montagnes sortent de la terre du plat pays. Zidane rayonne et se joue de la pression. Plus ça grimpe, plus ça devient difficile, plus il prend ce plaisir des grands sommets où les autres manquent d'oxygène alors que lui respire à pleins poumons. Une main dans la surface du Portugais Abel Xavier provoque un penalty en faveur de l'équipe de France et une grosse polémique sur la pelouse. C'est la loi 14 du règlement que l'arbitre autrichien de la rencontre applique après avoir consulté son assistant. Un coup de pied de réparation tel qu'on devrait le dire en bon Français. Le jeu est arrêté, les nerfs des Ibères lâchent, Zidane reste calme et prend la balle. Un geste de meneur, de guide. C'est lui qui tire ce qu'en Espagne on dénomme joliment la « peine maximale ». Il assume son statut, assume le risque de l'échec, le risque de la gloire renouvelée. Il pose soigneusement la sphère sur le point blanc situé à exactement onze mètres de la ligne de but. Il prend un grand élan, fait passer sa langue sur sa lèvre inférieure et, de l'intérieur du pied droit, frappe le ballon et le propulse dans la lucarne droite de Vítor Baía, le gardien portugais. C'est ce qu'on appelle à l'époque un but en or, une spécificité aujourd'hui disparue. Inscrit à quatre minutes du terme officiel, il a mis fin aussitôt à la rencontre et envoyé les Bleus vêtus de blanc vers une nouvelle finale, deux ans après celle du Stade de France. Zidane court et court sur l'herbe bruxelloise, le bras droit levé et les doigts écartés. Oui, c'est bien lui. Encore lui. Et même si sa finale remportée contre l'Italie après un nouveau suspense infernal brille un peu moins, il a si souvent caressé le sublime au cours de ces trois semaines qu'il est logiquement élu meilleur joueur de la compétition.

L'Europe après le monde, il plane et se délecte. Tout devient cadeau. Et le match amical entre la France et l'Algérie, organisé le 6 octobre 2001 dans un élan de rapprochement entre deux peuples si liés par l'Histoire, aurait dû l'être aussi pour Zidane le Français né de parents algériens. Et heureux et fier de cette filiation. Dans les heures précédant la rencontre, il avoue qu'il aura un pincement au cœur en entrant sur la pelouse et montre une certaine tension face à l'afflux de questions extra-sportives sur son rapport à l'Algérie. « Jouer contre ses origines, ce n'est pas facile », dira même son coéquipier Robert Pirès. Ce qui se produit ce soir-là au Stade de France est donc très violent pour Zizou, puisque *La Marseillaise* est sifflée par des dizaines de milliers de jeunes spectateurs pour la plupart issus des banlieues et que, ô triste symbole, la rencontre de l'amitié doit être interrompue à la 76e minute puis définitivement suspendue après l'envahissement du terrain par une partie de ces mêmes

« supporters ». Un moment d'exutoire pour ces jeunes des cités qui gâche la fête, entame l'illusion du fameux « Black Blanc Beur » du Mondial 98 et provoque l'évident malaise de Zidane. Mais le Marseillais aux yeux verts de Kabylie ne s'exprime pas sur cet échec, ce désastre politique et humain. Je comprends sa réticence d'alors le jour où il m'avoue avoir appris la leçon d'une déclaration passée, sur un sujet qu'il ne maîtrisait pas totalement. Et avoir souffert des conséquences :

> « J'ai ouvert ma gueule il y a quelques années et je le regrette encore. »

Son visage se ferme. Fin de la discussion. Je pense savoir de quoi il s'agit mais je ne vais pas plus loin sur ce terrain-là. Je préfère largement celui qu'il foule avec ses chaussures à crampons. Celui de l'herbe verte.

* * *

Le Mondial 2006 en Allemagne active le compte à rebours. Chaque jour qui file, chaque match qui se termine conduit un peu plus, et inexorablement, Zidane vers la fin de son hallucinante carrière de footballeur.

À 2 319 kilomètres de Berlin, je débute quant à moi une nouvelle épopée professionnelle. Antonio García Ferreras, le plus prestigieux journaliste politique d'Espagne, mon parrain et protecteur dans les médias espagnols, m'appelle auprès de lui pour le lancement d'une nouvelle chaîne de télévision. *La Sexta* va diffuser la Coupe du monde et consacrer toute son antenne à cet événement planétaire. C'est donc depuis Madrid que je m'apprête à suivre les dernières joutes de mon cher Zizou, de cet homme pour lequel, bientôt, je vais utiliser l'imparfait et le passé simple. Moi aussi j'ai besoin d'une période de transition pour accomplir le deuil de ces cinq années à ses côtés. Alors je passe mes journées, et mes soirées, devant les caméras à parler de lui, de lui et encore de lui. En plus on me paye très bien pour ce qui ressemble fort à une thérapie terriblement bénéfique pour moi. Il faut reconnaître aussi que le capitaine tricolore offre toutes les excuses à ce marquage à la culotte médiatique, aux commentaires, aux dithyrambes, aux débats. Et aux provocations des Espagnols dont la sélection nationale a la malchance de tomber sur la France dès les huitièmes de finale.

Juan Ignacio Gallardo, copain de plateau de télévision et adorable rédacteur en chef de *Marca*, grand journal sportif du pays, prend le risque d'afficher sur la Une un titre qui pétarade comme une mobylette au pot d'échappement trafiqué. Un titre de « kéké », de frimeur de bar PMU. Le jour de ce match transpyrénéen, la gazette annonce : « Nous allons mettre Zidane à la retraite ! » Grave erreur. Très grave erreur. Faut pas pousser mémé dans les orties ni Zizou sur le gazon. En ce 27 juin, le capitaine des Bleus démonte les rouges et propulse en vacances ce peuple « fier et ombrageux », comme le définissait le génialissime Pierre Desproges. Avec une petite signature personnelle, bien entendu, sous la forme d'un troisième but magnifiquement exécuté pour lequel le défenseur Carles Puyol est désossé et le gardien Iker Casillas crucifié. Gonflé par cette victoire, Zidane fait vibrer ses lèvres et jaillir quelques mots. La vengeance est aussi un plat qui sort du four.

« Eh bien non ! Ce n'était pas encore mon jubilé. J'ai envie de dire aux Espagnols, parce qu'ils nous ont assez chambrés là-dessus, que ça n'est pas pour cette fois. L'aventure continue. »

Cette aventure qui s'annonce, c'est le Brésil en quart de finale. Huit ans ont passé depuis l'éclatant 12 juillet et le désir de revanche fait frissonner les Ronaldo Nazario, Kaka, Roberto Carlos et autres Cafu. La ville de Francfort-sur-le-Main accueille ce duel VIP opposant les deux derniers champions du monde. Et c'est ce rendez-vous que Zizou choisit pour réaliser, tout simplement, le plus beau match de sa vie. Guidé par le génie, inspiré par l'adversaire, poussé par l'événement, il sort de la chrysalide du footballeur pour se muer en danseur étoile. Sur l'écran géant du plateau numéro un de la chaîne de télévision espagnole où j'ai quasiment établi domicile, j'assiste à cette délicieuse exagération, à cette sublimation du mouvement, à cette chorégraphie improvisée où Zidane semble se rendre hommage à lui-même. Un florilège des plus beaux gestes, des plus belles attitudes de ses dix-huit ans de carrière distillés sur quatre-vingt-dix minutes. Les roulettes, les passements de jambe, les coups du sombrero, les râteaux, les extérieurs du pied… Tout y passe et rien ne lasse. Et prend encore plus de sens quand le talent déployé sous toutes ses formes rend le capitaine une nouvelle fois crucial dans la délivrance d'une balle décisive à Thierry Henry pour l'unique but de la rencontre, celui de la victoire et de la qualification pour la demi-finale contre le Portugal. Et dire que ce chef-d'œuvre aurait pu ne jamais exister. C'est Zizou qui le raconte sous nos yeux médusés et nos oreilles bourdonnantes lors de la fameuse exposition de photos de l'Institut français de Madrid de février-mars 2016.

« Ce match, j'ai failli ne pas le jouer. J'avais une grosse boule sur un genou dans les jours précédents. »

Zidane sourit malicieusement en se remémorant ces heures de doute et d'angoisse, et dessine la forme circulaire de cette affection avec le pouce et l'index de sa main droite. La vie, la gloire, le bonheur se jouent parfois sur pas grand-chose. Heureusement, la vilaine boule s'était résorbée juste à temps et ne posera plus de problème pour la demi-finale contre le Portugal où il transforme le penalty victorieux qui composte le billet pour la finale face à l'Italie. Zizou se prépare à la plus belle des sorties, à un « Moi, je veux mourir sur scène » version muscles et poils durs.

« Je ne reviens pas en équipe de France pour jouer, je reviens en équipe de France pour gagner ! »

Ces mots prononcés devant quelques proches l'été d'avant prennent alors une merveilleuse dimension. Yazid n'avait menti ni aux autres ni à lui-même. Il n'avait pas parié par hasard. Il était prêt aux adieux suprêmes et, ce 9 juillet 2006, le dernier match de sa carrière lui offre rapidement l'occasion d'écrire sa légende. Dès la septième minute, c'est au point de penalty qu'il se présente pour donner l'avantage aux siens. Face à Gianluigi Buffon, le meilleur gardien du monde, Zidane exécute une « panenka », une délicate caresse au ballon qui surprend l'adversaire aux gants de cuir et touche l'intérieur de la barre transversale avant de retomber derrière la ligne de but. Il a pris un énorme risque. Le péril, la gloire, Rodrigue, Corneille, tout ça...

Mais l'Italie égalise et la finale s'embarque vers la prolongation, comme si le football voulait profiter de

Zizou quelques minutes de plus, quelques minutes encore. Un petit supplément de bonheur que le Marseillais se charge d'abréger violemment à six cents secondes du terme officiel. Juste avant, sa tête lui sert à reprendre sublimement un centre de Willy Sagnol, le ballon se dirige à grande vitesse vers les filets italiens mais Buffon, le portier du paradis, tend sa main en direction des nuages et détourne l'astéroïde. La boule à zéro de Zidane prend ensuite une tout autre fonction, elle change de sport en cours de jeu et frappe puissamment la poitrine de Marco Materazzi. Le défenseur, qui avait insulté la mère et la sœur du capitaine des Bleus, s'écroule et exagère. Le coup est réel mais c'est quand même un peu *Cinecittà* au stade olympique de Berlin. De bonne guerre pour l'Italien. De guerre lasse pour le Français qui voit l'arbitre argentin sortir de sa poche arrière le ticket pour l'enfer, un morceau de papier rouge. Il n'a pourtant rien vu du coup de boule qui s'est déroulé dans son dos et le Marseillais de Madrid aurait dû s'en sortir, injustement certes, mais s'en sortir vraiment. C'était sans compter sur un mouchard, le quatrième arbitre planqué au bord du terrain, téléspectateur de la scène sur un écran de contrôle. Au mépris des règles alors en vigueur, et qui interdisaient tout recours aux images vidéo pour les décisions de justice footballistique, Luis Medina Cantalejo, espagnol au nom parfumé d'*al-andaluz*, balance toute l'histoire dans l'oreillette de son collègue, l'incite à la sanction et condamne le meneur de jeu des Bleus vêtus de blanc.

Zizou quitte le terrain pour la dernière fois de sa vie de footballeur, passe à côté du trophée luisant sans le regarder et s'enfonce dans le tunnel des vestiaires comme un animal part à l'abattoir. La France a déjà perdu. Et ce n'est pas la séance de tirs au but cruelle et définitive remportée par l'Italie qui viendra contredire ce triste constat. Autour de moi, des petits procureurs expliquent avec grand renfort de gestes et de références morales que Zidane a commis un crime. Je ne les écoute pas. Je les méprise. Je trouve même une certaine beauté plastique dans ce mouvement de tête tellement distinct des gestes d'humeur et de violence habituels des joueurs de foot. Même dans le douloureux, Zizou invente.

La France s'étonne, le France s'insurge, le France s'émeut mais la France pardonne très vite. Elle ne sait pourtant pas qu'un jour Zidane reviendra toucher la tunique bleue, qu'un jour pas encore arrivé mais puissamment désiré, il sera aux commandes de la destinée de la sélection de son cœur. Francis Cabrel l'a chanté : « C'est écrit ! »

Partie 3

SES SOLITUDES ET SES COLÈRES

Chapitre 1

SEUL PARCE QU'INTOUCHABLE

Il l'a trouvée devant sa porte un jour qu'il rentrait chez lui. C'était au mois de juillet 1998 et il ne l'a pas tout de suite reconnue.

La solitude est une compagne de vie qui sait avancer masquée. Elle apparaît au moment le plus inattendu et jamais très loin de la foule. Le peuple de France l'a élu président un soir de fête en haut des Champs-Élysées, son visage projeté sur l'Arc de triomphe par des faisceaux laser.

C'est Arcole avec des grognards en shorts blancs, c'est la République triomphante qui défie le monde, c'est Zidane aux airs de Bonaparte.

Le héros porté aux nues est dépossédé de lui-même, il appartient désormais à ceux qui l'adulent et le glorifient.

Du jour au lendemain, tout change. Le regard de l'autre, les mots de l'autre, l'approche de l'autre, la considération de l'autre, plus rien ne sera comme avant. Zinédine Yazid Zidane reste un fils, un frère, un mari, un père, un ami pour ceux qui l'ont connu et aimé avant ces deux buts en finale de la Coupe du monde. Mais Zizou est enfermé dans le symbole éthérien que crée un pays en besoin de communion spontanée, en attente d'unité. Même éphémère, même illusoire.

À son esprit défendant, il incarne quelque chose de grand et de beau. Quelque chose de profondément sociologique, voire politique. Il était formé aux frappes dans un ballon, voulait simplement gagner des parties d'un jeu centenaire, s'amuser même avec sérieux, mais le petit gars de Marseille n'était pas préparé à incarner la France. Comme ça, d'un coup. À quitter sa chair et ses os pour devenir un mythe républicain, pour s'écrire comme personnage historique du roman national. Il est seul au milieu du délire collectif. Tout seul. Sa face géante qui domine la place de l'Étoile et semble regarder le million et demi de personnes rassemblées dans l'allégresse a de quoi faire frissonner de fierté le gamin de la pauvre et colorée Castellane de Marseille. Mais ce cadeau de la vie, et de la marque Adidas, signe la clôture définitive d'un passé, l'abandon de la normalité. Zidane vient d'avoir 26 ans et connaît déjà une petite mort. Celle de la liberté dont jouit précieusement le quidam, l'inconnu ou même le pas très célèbre.

Christophe Dugarry le vit de l'intérieur. Le champion du monde et ami de l'idole me le raconte aujourd'hui avec la même stupéfaction qu'il y a deux décennies :

> « C'est de la folie. D'un coup nous devenons les Beatles et Zizou c'est Paul McCartney. Nous ne pouvons plus sortir, plus marcher dans la rue. Tout le monde veut être avec nous, les politiques, les acteurs, les chanteurs… Avant nous étions des footballeurs, donc des ploucs, et là nous devenons des stars à la mode, des "people", et lui apparaît comme le chef de tout ça. Il est en première ligne. »

Le corps même en subit les conséquences. Je le découvre puissamment des années plus tard, à l'automne 2004. Avec Douglas Gordon et Philippe Parreno, les réalisateurs du film *Zidane, un portrait du 21e siècle*, nous rejoignons Zizou au centre de la pelouse du stade Santiago-Bernabéu pour d'importants repérages avant le tournage qui aura lieu dans quelques mois. Le joueur partage sa conception du football, décrit ses gestes préférés, explique son positionnement sur le rectangle vert, se remémore des instants de matches bien particuliers. Le cours est magistral, brillant et simple à la fois. Au bout d'une heure, nous quittons le terrain pour rejoindre les vestiaires. Une vingtaine de mètres nous séparent du tunnel auquel seules les personnes autorisées ont accès. Et c'est là qu'apparaissent une trentaine d'adolescents français en voyage scolaire à Madrid. Passage obligé et désiré, leur visite du stade du Real connaît alors un épisode inespéré. L'apparition de la célébrité de la République.

À la vue de Zizou, ils se précipitent vers lui. Ils étaient encore des bébés ou de tout jeunes enfants lors du Mondial 98, n'ont évidemment aucun souvenir des deux coups de tête gagnants de la finale, mais l'icône a traversé les générations. Elle est gravée dans la mémoire nationale française.

Cette horde festive veut toucher la relique aux deux pieds. Zizou me crie :

« Mets-toi devant. On y va ! »

Il pose ses mains sur mes épaules, baisse la tête et fait le dos rond. Je me transforme alors en protecteur. À la fois bouclier, tête de bélier des armées du Moyen Âge, je suis chargé d'ouvrir le passage au milieu de l'hystérie. Les gamins débordent de bonnes intentions, bien entendu, mais leurs caresses enthousiastes prennent l'apparence et la texture de coups dont je suis moi aussi la victime. Par procuration, durant quelques minutes, je ressens sur ma peau la vie de Zizou. Je mesure alors son extrême solitude face à l'excès d'amour, l'absorbante passion d'un peuple de tout âge qui se sent le droit de disposer de l'idole à sa guise.

Je ne l'envie pas. Je ne l'envierai jamais.

Un autre épisode à ses côtés me confirme le bien-être de cet anonymat dont jamais plus il ne pourra jouir. En juin 2015, il me propose de venir le voir dans son bureau d'entraîneur du Castilla, son équipe en troisième division. Je me présente donc en fin de matinée au centre sportif du Real, au nord-est de la capitale espagnole. Seul intrus dans cet univers réservé aux employés du club, je gare ma Twingo devant la fontaine qui trône à l'entrée du bâtiment principal. J'apprécie, sans emphase toutefois, mes petits privilèges habituellement niés aux journalistes. Je n'ai pas de micro, ni de bloc-notes, ni même de crayon. « C'est une visite privée ! » a sûrement dû annoncer Zizou. Suis-je bête, monsieur Zidane n'a pas à justifier auprès de quiconque la teneur de ses rendez-vous, encore moins le grade ou les intentions de ses invités. Un garde de sécurité vient me chercher et me conduit jusqu'au bureau de l'entraîneur français. Les couloirs sont longs, froids, aseptisés et ce ne sont pas les quelques plantes vertes disposées ici ou là qui vont égayer ce qui pourrait très bien ressembler à une clinique bavaroise. Ça sent trop le propre et les produits désinfectants pour que je m'y sente vraiment à l'aise. Heureusement, en passant la porte du QG de Zinédine, en pénétrant l'espace qu'il a aménagé pour lui et pour son adjoint, je découvre un lieu qu'il a su réchauffer et humaniser. Une embrassade pour lui, une embrassade pour David Bettoni.

Tous deux ont revêtu le survêtement officiel du Real, leur uniforme de travail. L'accueil est profondément sympathique et détendu. La saison vient de se terminer mais il convient déjà de préparer la prochaine. Ils sont à pied d'œuvre. En face de la porte, le bureau de Zidane, à droite celui de Bettoni et, à gauche, un petit salon avec trois fauteuils et une table basse sur laquelle je reconnais une collection de magazines *France Football* minutieusement disposés en éventail. Tout cela dans la même pièce. Nous restons debout le temps d'échanger quelques banalités puis David s'assied à la place habituelle de celui qu'il appelle inlassablement « Yaz » et ce dernier prend une chaise et se pose à mon côté. Je lève les yeux vers le mur et je lis. C'est un roman décomposé, un réservoir d'antisèches d'étudiant avant les examens, un panneau électoral de fin de campagne, un inventaire à la Prévert. Bref, des tas de mots sont affichés sur la paroi autrefois toute blanche et toute lisse. Zidane les a écrits soigneusement sur l'ordinateur, les a agrandis, les a fait passer en gras, et les a imprimés un à un sur une feuille A4 placée à l'horizontale. Puis les a collés sur ce rempart de principes et de lignes de conduite, comme s'il s'agissait d'un papier peint à grosses fleurs. Le premier est « éthique ». Le deuxième est « travail ». Le troisième est « sérieux ». Le quatrième est « respect ». Le cinquième est « plaisir ». Le sixième est « qualité ». Le septième est « intensité ». Le huitième est « ambition ». Le neuvième est « humilité ». Le dixième, et seul verbe, est « écouter ».

Décalogue de valeurs immuables, guide du quotidien, cette litanie en langue castillane est là pour Zizou et pour Bettoni, les deux occupants du lieu. Mais aussi pour chacun de ces joueurs qui passent le pas de la porte du bureau de l'entraîneur et qui en ressortent inspirés ou pour le moins dirigés. Un coach, surtout chez les jeunes footballeurs, a aussi une fonction d'éducation. Après quelques palabres sur l'ambitieuse et utile décoration de son mur, il m'explique m'avoir fait venir pour me parler d'une nouvelle rubrique instaurée par un quotidien local et de l'intérêt de la copier en France. Je suis assez surpris par cette réflexion d'éditeur de presse. Beaucoup moins quand la conversation dérive rapidement, et sous son influence, sur son travail et sa perception par le monde du football, les médias et les supporters. Zidane crache le morceau :

> « Fred, qu'est-ce qu'on pense de moi comme entraîneur ? »

Le ton de Zizou est naturel mais je le sens en recherche de repères, d'informations pouvant l'aider à améliorer son boulot, à mieux se connaître dans ce qui reste une fonction encore nouvelle pour lui. Pas du tout poussé par l'envie d'être glorifié, d'écouter de chauds compliments. C'est même tout le contraire :

> « En fait personne n'ose me dire la vérité, me confier ce qu'il pense vraiment. Par peur de me déplaire, de me froisser. J'ai des gens au club qui devraient m'aider, me transmettre leurs perceptions, mais qui tremblent littéralement quand ils se retrouvent devant moi. Toi tu me connais depuis longtemps et tu ne me crains pas. On s'est toujours dit les choses sans artifice. Tu as confiance en moi et j'ai confiance en toi. »

Je mesure de nouveau sa solitude. Plus forte que jamais. Elle est de celles qui isolent les hommes de pouvoir, les élus frappés d'intouchabilité, les personnes qui, de par leur statut, sont considérées comme inaccessibles. Même à la vérité.

La cohorte des peureux et des laquais enferme jusqu'aux êtres célèbres et adulés les plus naturels et les plus normaux. Je suis flatté par la requête de Zizou, cette humilité qui est la sienne face à celui qui n'a jamais pu taper dans un ballon. Face à celui que les autres garçons rejetaient au moment de composer les équipes dans la cour de l'école. À l'heure du « chou-fleur, chou-fleur » et des pieds d'enfants qui s'alignaient sur le bitume. C'est à ce petit Fred qu'il s'adresse dans l'expectative, avec l'espoir de mots purs et sincères. Pas barbouillés par la crainte de déranger l'idole. Je retrouve de suite mes esprits d'homme de 45 ans et lui fais un exposé exhaustif de l'opinion générale.

« En fait Zizou, il faut séparer l'Espagne et la France. Ici, tout le monde t'aime bien et la plupart des gens ont envie que tu réussisses dans ton nouveau métier. Mais s'ils connaissent et admirent le joueur que tu as été, ils ne savent pas qui tu es comme entraîneur, quel est ton style, ta conception de la direction d'une équipe.

— Alors tu penses que je devrais plus m'exprimer ? Faire des conférences de presse ?

— Bien sûr ! Comme ça tu pourras exposer ta vision de ta fonction de coach, aider à te faire comprendre, dissiper les doutes et les fantasmes. Quand je faisais mes études en « info/com » à l'Université de Lille 3, une professeure nous avait enseigné deux magnifiques définitions de la communication, de cet art de transmettre. Elles sont restées en moi et ont constamment guidé mon travail. “La logique de la communication est d’adapter le message au récepteur” et “la communication sert avant tout à éviter les malentendus”. C’est cadeau ! »

Je souris en pensant à Élisabeth Fichez, cette sympathique prof de fac qui n’aurait jamais pu imaginer que ses cours, aussi brillants fussent-ils, seraient un jour mis à la disposition d’un personnage mythique du football mondial. Moi non plus d’ailleurs. La vie est vraiment remplie de choses surprenantes. David prend un stylo et note les phrases. Zizou fait de même. J’ajoute :

« Et puis franchement, en troisième division, il n’y aura que des stagiaires ou de très jeunes journalistes. En plus bien sûr de ce vieux con de Fred. Tu ne seras pas harcelé et tu pourras te faire la main, te roder pour le jour où tu seras l’entraîneur du grand Real. De toute façon, faut pas se prendre la tête. Ce n’est que du football, pas de la chirurgie néonatale.

— Et en France ? Comment parle-t-on de mon boulot de technicien ?

— Là c’est plus complexe. Je dirais qu’il y a plusieurs cas de figure. Bien évidemment, les supporters de foot rêvent de te voir triompher en tant que coach, les professionnels du ballon aussi pour la plupart. Dans la presse tu as deux écoles. Les enthousiastes d’un côté et les jaloux de l’autre. Ceux qui se plairaient à raconter une nouvelle belle histoire de Zizou, et puis les renfrognés qui ne vivent que dans l’obscurité, qui ne supportent pas la réussite des autres, qui se prennent pour des chevaliers blancs de l’information parce qu’ils instruisent systématiquement à charge, quitte à mentir ou pour le moins exagérer. »

Zidane écoute, Zidane ne s'étonne qu'à moitié quand mon analyse et mes explications soulignent les réticences, voire l'animosité qu'il suscite chez certains.

Suis-je dans mon rôle de reporter quand je donne ainsi des conseils à un acteur de l'information sur lequel je dois tant écrire et tant parler ? Pas moins que lors des discussions informelles que les journalistes politiques partagent avec les élus et autres ministres. Et que tout le monde trouve naturelles et même très utiles pour l'exercice du *off* indispensable à la bonne pratique de cette profession tellement compliquée, tellement décriée. Zizou me pose une question. Eh bien je lui réponds. Qui pourrait donc le faire aussi bien que celui qui assure le lien depuis tant d'années entre cette idole éloignée et le public français, ses admirateurs et ses critiques ?

Je ne suis pas plus doué qu'un autre mais au bon endroit et au bon moment. Aux bons endroits et aux bons moments. Zidane semble si seul et sa perception si souvent tronquée par son évidente obligation de se protéger, de se cacher même. L'enfermement dans une forteresse de la confiance fait partie du quotidien de l'idole depuis juillet 1998, date qui a fixé la frontière. Une zone délimitée où n'entrent que très peu d'individus. La famille bien entendu et puis les amis. Parmi lesquels Malek Kourane, presque un frère depuis la petite enfance et que l'entraîneur désigne toujours aujourd'hui comme le plus proche, Christophe Dugarry bien sûr, David Bettoni, Hamidou Msaidié, son deuxième adjoint au Real, et Stéphane Plancque. Puis encore des personnes comme les hommes d'affaires Franck Riboud, le P-DG de Danone, et Jacques

Bungert, repreneur de la maison Courrèges, quelques vieux potes du centre de formation de l'AS Cannes qui n'ont pas forcément réussi dans le football mais qui sont reçus comme des princes chaque année au centre d'entraînement du Real.

Un de ces privilégiés se confie à moi :

« Zizou n'a pas beaucoup de temps à consacrer aux amis mais il est d'une rare fidélité et il trouve toujours un petit moment pour en témoigner auprès de ceux qu'il n'a jamais oubliés malgré la gloire. »

Des relations équilibrées où chacun en retire du bénéfice. Pas de sens unique, de sens inique. Pas de moins face au plus, pas de sempiternels demandeurs et toujours le même donneur.

* * *

Zidane a dû apprendre à séparer le grain de l'amitié de l'ivraie de l'intérêt, à détecter les faux amis et pas seulement en passant d'une langue à l'autre. Véritable aimant des faux-aimants, il attire à lui. Trop. Tout le temps. La méfiance est inlassablement justifiée. La méfiance, cette autre forme de solitude. Pour illustrer cet état de fait, ce coup de téléphone que je reçois quelques semaines après l'arrivée de Zizou au Real à l'été 2001. Ayant repéré mes fréquents articles sur le joueur néo-madrilène et donc localisé mon avantageuse position géographique, une dame se réclamant d'une association de Kabyles de France me demande de la mettre en contact avec Zidane. Je refuse. Elle insiste en m'expliquant l'importance de sa requête. Je refuse. Elle continue. Lourdement.

« Mais si, ça va l'intéresser ! Vous devez le faire !

— Madame, dans trente secondes je vais vous envoyer balader et mes mots risquent d'être en accord avec ma pensée... »

Je me souviens avoir mis encore plusieurs minutes avant de me débarrasser de cette envahissante petite personne. Persuadée d'être dans son bon droit en exigeant une audience avec l'idole. Comme ces faveurs que jadis les seigneurs venaient solliciter aux rois. Ce fut une première expérience pour moi, une première leçon et la rapide compréhension de la délicate et inconfortable situation de Zizou. D'où cette immense valeur qu'il donne aux vrais de vrais, à l'échange équilibré, au sain partage. Au « parce que c'était lui, parce que c'était moi ». « Duga », son ami de trente ans, membre de cette jolie caste, le raconte si bien :

« Je ne sais pas comment les choses se sont faites entre nous, elles sont venues naturellement. À vrai dire, chacun admirait le caractère de l'autre, chacun aurait souhaité être un peu plus comme l'autre. Je pense que lui aurait aimé être un peu comme moi je suis, à parler plus, à faire le con... Et moi être un peu plus réservé, un peu plus calme, un peu plus à l'écoute, comme lui. Ce que nous aimions était ce qu'avait l'autre. Ça nous a beaucoup aidés depuis ces moments de jeunesse où nous nous sommes connus. J'ai toujours admiré cette capacité à se taire qui est la sienne, à se taire alors qu'il a le pouvoir de parler. Ce garçon possède une force, sportivement, politiquement. Mais il a toujours su rester dans son coin et garder le respect des autres. Il a sans cesse eu ce recul, cette volonté de rester à sa place, de ne pas utiliser l'énorme pouvoir qui est le sien. »

Ce fameux pouvoir qu'octroient la notoriété et le succès, Zizou sait toutefois en faire usage. Rarement, et d'abord pour les autres. Pour leur permettre de vivre à ses côtés ce que l'existence ne pourrait jamais leur accorder, pour compenser les manques du destin, pour faire plaisir à ses potes. Tout simplement. Comme Malek, l'ancien gamin de la Castellane, qui a la chance d'entrer dans le vestiaire du Real, de voyager dans l'avion des joueurs au retour de la finale de la Ligue des Champions remportée à Glasgow, le 15 mai 2002, et d'accompagner son ami Yazid dans toutes les festivités organisées dans la capitale espagnole. Petits et grands bonheurs offerts. Ou encore, pour un sujet bien plus angoissant et bien plus sérieux, cet appel que reçoit en 2010 une personne que Zidane avait fréquentée quelques années auparavant pour un projet professionnel et qui venait de tomber gravement malade :

« Bonjour, c'est Zizou. J'ai appris que ça n'allait pas fort et je souhaitais prendre de tes nouvelles. Est-ce que je peux faire quelque chose pour toi ? Veux-tu que je parle au médecin ? Tu sais, des fois ça peut aider… »

Bien entendu, Zinédine ne m'a jamais parlé de cet épisode intime. Trop pudique pour cela. Trop humble aussi. La personne en question se disait très bien soignée et avait gentiment refusé la proposition de la star mais ce geste, ces quelques minutes au téléphone, cette voix douce et calme, l'avaient immensément touché et lui avaient apporté un grand réconfort à ce moment si douloureux. Zizou lui aussi connaît l'inquiétude des maux du corps, au-delà des chevilles qui brûlent, des genoux qui coincent et des morceaux de cuisse qui se déchirent. Puisqu'un jour de sa vie d'adulte lui fut détectée ce qu'on appelle une « thalassémie mineure », une maladie génétique, sorte d'anomalie des globules rouges caractérisée par une incapacité à transporter assez d'oxygène dans le sang. Une affection très fréquente chez les populations originaires du bassin méditerranéen mais dont la découverte tardive provoquera quelques dérapages indignes dans la presse espagnole qui tentera d'y voir « le secret de sa mauvaise passe » à un moment où son rendement sur le terrain sera un peu moins brillant que d'ordinaire. Une erreur de jugement, un manque de tact qui obligeront même les dirigeants de *Marca* à pondre un édito d'excuses dans les colonnes de leur journal.

J'évoquerai à une seule reprise avec lui les effets de cette caractéristique médicale totalement contrôlée, et dont souffrent d'autres sportifs comme le joueur de tennis américain Pete Sampras. Un problème qui ne l'empêchera pas de poursuivre normalement sa carrière de footballeur ni sa participation plus qu'active aux entraînements une fois devenu coach. Zizou me le décrira de cette manière :

> « Je suis simplement un peu plus fatigué que les autres... »

Il fallait bien qu'il fût différent. Un compétiteur sans le plein d'oxygène. Un génie débordant de tout le reste. Zinédine Yazid Zidane n'en était pas à un obstacle près, lui dont l'existence fut tellement plus difficile que la lumière sur son visage, que les trophées brillants sagement alignés dans son salon et que les gros titres admiratifs des gazettes ne voulaient bien le dire. Et puis toujours cette solitude, cette solitude qui ne le quitte pas, malgré la quarantaine bien entamée.

Chapitre 2

Seul parce qu'entraîneur

C'est un dimanche matin du mois de juin madrilène et je viens de rater la messe de la paroisse Saint-Louis-des-Français. Dieu et ma grand-mère me pardonnent, j'ai une excuse bien valable. Zidane m'a donné rendez-vous chez lui pour une grande interview sur son nouveau métier d'entraîneur. Depuis un an, il exerce en troisième division à la tête de l'équipe réserve du Real et, pour une fois, il n'a pas été réellement compliqué de le convaincre de s'épancher pour ma gazette. Mon cher *France Football* m'a offert un bon paquet de pages dans le prochain numéro et je compte bien en profiter, les noircir des mots de l'idole devenue apprenti. Le sujet passionne, m'intrigue et m'excite. Zizou repasse par la case de la découverte et de l'abnégation. Il fut tout, les pieds sur le ballon, il n'est pas encore grand-chose, les fesses sur le banc. Je sonne, j'entre dans le royaume, je salue les gardes et mon compatriote vient me chercher :

« Ça te va si on se met dans le jardin ? »

J'acquiesce, bien entendu. Un paysan des plaines d'Artois ne rechigne jamais devant un petit morceau d'éden végétal, ni ne refuse l'air frais du matin et les gazouillis des oiseaux. Zidane m'emmène derrière sa belle bâtisse. Nous longeons le petit terrain de foot encore déserté par les jambes de ses gamins et nous arrêtons près de la piscine au moteur qui ronronne. J'y découvre une table en bois, un unique siège et un ordinateur portable sur lequel le coach travaillait avant mon arrivée.

« Prends la grande chaise, Fred, installe-toi. »

Et lui alors ? Le voilà qui saisit une chaise d'enfant en plastique coloré, presque un jouet, et se pose dessus. C'est inconfortable. La scène mérite la photo du souvenir que mes yeux écarquillés flashent instantanément. J'ai manqué l'office de 10 heures mais je me retrouve dans la position de supériorité du prêtre qui pardonne au pauvre pécheur. Moi en haut, lui en bas. Confessionnal bucolique, session de psychothérapie de plein air, le décor dit tout de ce qui va se jouer. Il va parler, beaucoup. Il va s'ouvrir, beaucoup. Et je vais écouter. Après douze mois dans son nouvel uniforme, trois cent soixante-cinq jours comme capitaine d'un petit navire encore fragile, Zinédine Zidane va feuilleter devant moi son carnet de bord pour en arriver à cette conclusion qui résonne comme un aveu :

« Être entraîneur, c'est être seul. »

Le passage du poste d'adjoint de Carlo Ancelotti à celui de coach principal, quel que soit le niveau de compétition, représente un pas beaucoup plus ample à franchir que l'on pourrait penser. Zizou s'y était préparé, s'était projeté mentalement à la direction d'une équipe, notamment grâce à plusieurs années d'études pour l'obtention de ce fameux diplôme qui le fait frissonner de fierté. Il avoue :

> « C'est comme quand tu étais petit et que tu ramenais une bonne note à la maison. »

Et il n'y avait pas souvent de bons points dans les toutes jeunes années de Yazid. Le morceau de papier cartonné, décoré de tampons encrés et de signatures officielles, s'invente alors une importance toute particulière quand résonnent les échos de l'enfance et des salles de classe pleines de guêpes écrasées. Ces quelques grammes hérités des arbres pèsent presque aussi lourd que les trophées dorés et les grosses coupes en laiton qu'il a inlassablement pris en main au long des dix-huit saisons de sa carrière de footballeur comme on saisit le pommeau d'une épée. La pudeur de Zizou lui défend de s'extasier face aux reconnaissances, de dévoiler le sentiment de douce revanche qui anime le compétiteur enfin récompensé, mais la confiance ambiante perce parfois une faille dans le dispositif. Il se lâche :

> « J'ai bossé, quoi ! Durant trois ans et demi j'ai appris, j'ai voyagé… Je suis très fier d'avoir ce diplôme et d'être entraîneur. Mes parents le sont. Et mes enfants aussi. C'est important de montrer à tes gamins que tu bosses pour des diplômes et qu'ils doivent faire pareil. »

Je décèlerai un autre petit signe d'autosatisfaction à l'automne 2016 quand Pascal Ferré, le rédacteur en chef de *France Football*, viendra lui remettre sous mes yeux enjoués le prix de meilleur entraîneur français de l'année. Un vote unanime de ses pairs, conquis par la fulgurance de son succès sur le banc du grand Real, qui l'installe dans le club des patrons d'équipe dignes de ce nom et le sépare d'emblée des aventuriers éphémères, anciens joueurs s'étant essayés, par ennui ou par ego, à cette noble profession que l'on n'a pas le droit d'improviser.

Le « ah ouais quand même, ça fait quelque chose » qui sortira de sa bouche en caressant le grand F rouge en plastique dur ciselé contrastera avec la distance flegmatique qu'il m'avait servie au téléphone lors de l'annonce de sa victoire à ce concours au palmarès enchanteur. En consultant la liste des lauréats devenus électeurs, Zizou prendra pleinement conscience de sa réussite.

Revenons au jardin, à la piscine et à la chaise d'enfant qui ne cède pas malgré les quatre-vingts kilos de chair dure et fibrée qui l'oppriment, malgré la conversation qui déroule les quartiers d'horloge pour dépasser les soixante minutes. Zidane explique la sensation générée par le saut du copilote qui prend seul le volant :

« Oh oui, j'ai été énormément surpris. C'est uniquement quand tu le vis que tu t'aperçois du changement. Parce que ça vient de tous les côtés. Un jour c'est un blessé, le lendemain c'est un joueur qui ne peut pas s'entraîner pour un problème personnel, le surlendemain c'est le terrain… Chaque jour tu as quinze ou vingt trucs à gérer en plus de ton travail avec ton équipe. C'est pas forcément chiant… Ça fait partie du job ! En tant qu'adjoint de Carlo, je partageais mes idées avec lui et l'ensemble des collaborateurs, je faisais un travail spécifique avec les joueurs sur le terrain, mais ça s'arrêtait là. Aujourd'hui, comme numéro un je m'occupe de tout et je suis le responsable. Devenant le coach principal tout passe par toi, tu prends toutes les décisions. Bien sûr tu as ton staff à côté pour t'épauler, mais à la fin c'est toi qui es l'unique décideur. Quand tu exerces la fonction de numéro deux, tu peux conseiller, apporter un avis différent au coach, mais ce n'est pas comparable avec le rôle de numéro un. Au bout de la chaîne, tu es seul avec toi-même. »

Les affres de l'ascension. Plus il grimpe dans son métier, plus il ressent cette solitude de celui qui doit décider, choisir, trancher. Posséder en quelque sorte un droit de vie et de mort sur un joueur. Car le footballeur ne respire plus quand il n'est pas aligné sur le terrain, se sent inutile, perd sa condition existentielle quand il reste assis sur le banc des remplaçants. Pire encore quand le coach l'envoie dans les gradins et que se suicide l'ultime petit espoir d'entrer en jeu ne serait-ce que quelques instants. L'entraîneur détient la toute-puissance sur le match, sur l'unique raison de vivre de mecs de 20, 25 ou 30 ans qui se préparent chaque jour que la nature invente dans l'attente de lire leur nom sur la liste des onze élus épinglée sur le mur du vestiaire, de pouvoir enfiler un maillot, des chaussures à crampons et de batailler contre des semblables.

« J'ai découvert que, pour le bien commun, il fallait savoir dire à des joueurs des choses qu'ils n'étaient pas prêts à entendre. Je ne sais pas si je suis une bonne personne. C'est quelque chose d'aléatoire. Mais je ne suis pas une mauvaise personne, ça c'est sûr. Cependant il n'y a pas de raison que cela entre en considération, ce qui compte est d'être juste avec tes footballeurs et avec la situation. Si tel est le cas, s'il n'y a pas de passe-droits, tu peux avoir la conscience tranquille. »

Mais dans un immense club comme le Real, comme dans les minuscules équipes, les ennemis attendus et inattendus se cachent et s'apprêtent à jaillir à la moindre marque de faiblesse à peine affichée. Toujours prompts à instiller la détestation de l'entraîneur à l'oreille de celui qui aura joué un peu moins que les autres, de celui qui se sentira, à juste titre ou pas, traité différemment, de celui qui ne comprendra jamais, ego oblige, pourquoi il n'est pas considéré comme la star du groupe. Des gens malintentionnés qui veulent profiter, pour exister et se faire luire, de la première ouverture dans le système. D'où cette phrase implacable de Zidane :

> « Pour durer dans un tel club, l'entraîneur doit tout contrôler, même la marque de l'huile d'olive qu'on utilise pour assaisonner la salade servie aux joueurs la veille des matches. »

Solitude de l'homme qui se place en haut et que certains rêvent de voir chuter. Et donc cruciale importance des fidèles qui l'entourent. À Madrid, pour le cœur de son staff technique, Zizou a choisi David Bettoni, Hamidou Msaidié et Stéphane Plancque. Un clan français resserré au sein duquel n'apparaîtront jamais ni la jalousie, ni la frustration, ni la volonté de briller individuellement. Le premier est un ami de plus de trente ans, le troisième d'à peine moins alors que le deuxième a surgi récemment, en 2015 exactement. Ce garçon très fin, deuxième adjoint de Zidane dans l'organigramme, a aussi entrepris le chemin d'un doctorat de neuropsychologie, et son observation depuis une position extrêmement privilégiée ravit les sens et chatouille l'intelligence. Msaidié assène avec un grand naturel :

> « Nous, les adjoints de Zinédine, sommes là pour limiter ses moments de solitude. »

Peut-on faire analyse plus pertinente et plus poétique d'une mission au corps à corps auprès d'un génie travailleur ? C'est brillant. Rassurant. Enchanteur. La manière dont il nomme l'entraîneur signe le moment de leur rencontre. Trop récente pour dire « Yazid » ou même « Zizou », alors la délicatesse et la bienséance le conduisent au simple « Zinédine » ou au plus professionnel « Mister ». Je connais peu Hamidou, quelques « bonjour-bonsoir » nous avaient rassemblés au gré de mes visites à Zizou au parloir du centre sportif madrilène, mais son œil éclairé couplé à une immense discrétion m'intriguait. Jusqu'à ce soir de mai 2019 où un dîner à la Villa andalouse, la résidence officielle du vice-ambassadeur de France à Madrid, nous a réunis entre cabillaud au beurre blanc et fraises au porto. J'ai évoqué devant lui mon obsédante réflexion sur la solitude de Zidane et nous nous sommes donné rendez-vous pour en débattre quelques jours plus tard. Cette même nuit, une fois les enfants endormis, il a listé à haute voix toutes ces solitudes qu'il a observées au long de quatre années de frottement professionnel quotidien avec l'idole devenue entraîneur. Pour mieux les partager avec moi le surlendemain. Msaidié en a répertorié cinq bien distinctes, provoquant ma délectation mentale. De Barbara à Georges Moustaki, de l'enfance à l'âge adulte, le mot solitude, *soledad* en espagnol, me fait tressaillir. Hamidou, fils de militaire de l'armée française, cite Charles de Gaulle :

« Dans le tumulte des hommes et des événements, la solitude était ma tentation. Maintenant, elle est mon amie. De quelle autre se contenter quand on a rencontré l'Histoire ? »

Ça part bien. Très bien, même. Soyons sérieux toutefois, Zizou n'a pas sauvé la France comme le Général, il l'a juste enchantée, a gonflé sa fierté les soirs de triomphes sportifs, mais le parallèle me semble intéressant. Voire justifié. Que sont les matches de foot avec hymnes et drapeaux, sinon les batailles patriotiques des époques de paix ? Tel un professeur appliqué et didactique, Msaidié énumère :

« Il y a d'abord la "solitude physique" de Zinédine, de par son positionnement dans l'espace. Durant le match, il a les joueurs titulaires devant lui, les joueurs remplaçants derrière avec les bancs et le staff technique, ceux qui s'échauffent à droite et puis le public, autour et au-dessus de lui. Il y a tout ce monde et lui est là, debout et seul dans une zone bien spécifique. C'est uniquement quand David, son premier adjoint, vient lui parler à l'oreille que, durant quelques instants, il quitte sa bulle, il fuit la solitude. Puis vient la "solitude psychologique", celle de Zidane quand il part pour la conférence de presse d'après-match. Il laisse le vestiaire derrière lui et se prépare à une confrontation avec ceux qui vont le harceler de questions. Seul face à tous, il doit se justifier. Une chose qu'on retrouve aussi quand il est interpellé dans la rue par les supporters. »

Hamidou poursuit ses théories avec la force de l'homme qui sait être à la fois acteur et observateur, exercer une mission et analyser avec froideur et détachement. Il m'en décrit une troisième, la « solitude technique ». Celle du coach qui fut un grand footballeur et qui ressent de la frustration parce que le joueur sous ses ordres n'est pas capable de réaliser sur le terrain le geste que lui a imaginé et qu'il juge le plus adéquat. Puis une quatrième, qu'il énonce comme la « solitude tactique » :

> « Il est forcément seul quand il doit décider d'une composition d'équipe. Je sais que ça lui arrache le cœur de devoir se priver de certains joueurs. De même, il est normalement seul dans l'analyse des situations de jeu et dans la prise de décisions rapides. Et j'ajouterais aussi la "solitude émotionnelle" qui fut flagrante quand, à deux reprises, il a craqué son pantalon alors qu'il réagissait physiquement et intensément à une action de match. Mais globalement il gère bien, il vit sainement ses émotions. Sans excès positif pour éviter l'euphorie et sans excès négatif pour éloigner l'agressivité. »

C'est un soir de Ligue des Champions, le 12 avril 2016, lors d'une rencontre décisive face à Wolfsburg. Alors que Karim Benzema se crée une magnifique occasion de but, le gardien adverse détourne le ballon d'une main ferme et providentielle. Zizou imagine la sphère s'engouffrer dans la cage et, face à cet échec, cette privation du bonheur, exécute une sorte de pirouette aussi originale qu'ostentatoire. Un mouvement improvisé entre derviche tourneur et danse yiddish auquel le pantalon de l'idole ne résiste pas. Le tissu bleu se déchire tout le long de la fesse droite, laissant apparaître un caleçon blanc. Heureusement pour les pupilles trop chastes, le manteau qu'il porte ce soir-là lui permet de dissimuler la blessure vestimentaire jusqu'au terme de ce match finalement victorieux. Un incident aussi drôle qu'embarrassant qui se reproduira deux semaines plus tard et que l'on pourrait de nouveau qualifier de « grand moment de solitude ».

Mais peut-il exister solitude plus solitaire que celle de l'être qui doit décider de sa propre vie ? Prendre en son âme et conscience une décision personnelle qui va lui échapper en quelques minutes ? Qui résonnera aux quatre coins de la Terre, parce que le football est global et que Zidane se retrouve lui aussi écartelé entre tous les continents. Aucune de ces cinq zones répertoriées n'échappe à la passion pour ce sport, ni à l'admiration pour ce Français, symbole de l'élégance balle au pied et de la sagesse, baguette d'entraîneur à la main. Alors, une fois décrochée sa troisième Coupe des clubs champions européens, il met trois longues journées et trois larges nuits à faire macérer ensemble son intuition, ses doutes, ses craintes et ses interrogations. La soirée du 26 mai 2018 est historique, aucun coach n'avait réussi cette triplette. Elle est aussi celle qui conduira à son surprenant départ. Il va l'annoncer à 13 heures le 31 mai. Il m'appelle une heure avant, alors que personne ne soupçonne la teneur de la déclaration qu'il s'apprête à réaliser dans la grande salle de presse du centre sportif de Valdebebas.

> « Fred, je ne voulais pas que tu l'apprennes en même temps que les autres. En fait, je ne vais pas rester au Real. »

Je reste bouche bée et une petite larme s'échappe de mon œil droit, puis une du gauche. Une pour la tristesse de l'événement, pour cet adieu impossible qui devient réel et une autre pour la délicatesse, pour l'attention à mon égard. Je ne suis pas « les autres » et Zizou me le fait bien comprendre. Une confiance qui émeut l'homme mais qui bloque le journaliste puisque, bien entendu, il me demande de ne rien divulguer sur mes médias avant sa comparution publique. Logique mais frustrant. À mon arrivée au QG du Real, une foule de reporters grouille et s'agite. Chacun prend les paris sur le sens du discours qui se prépare. Mes trois concurrents français, Pierre Chaperon, Jean Décotte et Antoine Simonneau, mes acolytes de l'« Amicale laïque des correspondants français poètes et sportifs de Madrid », se jettent sur moi. Ils sont torturés par l'attente et laissent paraître eux aussi leur tendresse pour Zidane.

« Alors tu sais ? Qu'est-ce qu'il va annoncer ? »

Du coin des lèvres et du bord du regard, en prenant soin d'être le plus discret possible, je leur avoue cette nouvelle qu'ils redoutent :

« Il se casse... »

S'ensuivent l'annonce officielle d'un Zizou serein et décidé et ses explications sur la lassitude et la nécessité d'un autre type de prédication dans le vestiaire, d'une nouvelle impulsion. Puis la déprime d'une équipe qui se perd semaine après sema ine, qui consomme un entraîneur, et encore un autre, jusqu'à l'appel à l'aide de Florentino Pérez à son coach préféré, à son ami de cœur, pour un retour encore plus improbable que le départ du printemps précédent.

Neuf mois ont passé depuis. Le temps de la gestation solitaire d'un nouveau projet, d'un nouveau défi, d'une nouvelle envie qui devait conduire Zidane à retrouver l'Italie et la Juventus. Ne manquait plus qu'une petite signature en bas d'un contrat. Mais son Real a besoin de lui. Alors il accourt. Comme ces amoureux qui se retrouvent après une dispute et s'étreignent puissamment, s'avouant entre sanglots et rires nerveux qu'ils ne peuvent pas faire l'un sans l'autre. Zizou est seul responsable de sa décision de se mettre en danger, puisque danger il y a. Revenir après tant de succès, sans l'assurance de pouvoir conquérir ne serait-ce qu'un quart des trophées accumulés lors de son majestueux premier passage sur le banc. Revenir avec la certitude qu'un autre sacerdoce se prépare, arriver très tôt au centre d'entraînement dans la solitude du petit matin, en repartir très tard et ne plus voir ses êtres chers qu'entre deux portes, deux matches ou deux sauts d'avion. Dédier son existence à un club, à une équipe, à des courses à pied avec ballon, à des schémas tactiques et à d'innombrables casse-tête quotidiens. Il sait tout cela mais il ne peut s'en empêcher. Le désir intérieur de Zidane de dépasser Zidane est trop fort. Presque incontrôlable. Car cette fois, en plus du rôle de diriger un groupe, c'est à lui que revient, et à sa demande, la charge de bâtir un nouvel effectif, de jouer au DRH, de décider de qui va rester et de qui doit partir. Unique juré d'un tribunal sportif et humain où son pouvoir sur le destin d'un bataillon de vingt-cinq garçons prend des allures autoritaires.

Le Real est malade, il faut amputer. Son bras ne peut trembler ni flancher. Alors, après les sourires des retrouvailles dans un vestiaire acquis à sa cause et à son charisme, fleurissent les premières appréhensions, les premiers regards fuyants, les premiers doutes sur l'avenir, les premiers murmures affolés. D'autant plus que leur Zizou paraît quelque peu différent de celui qui les a quittés neuf mois auparavant. Il est plus froid, moins tendre. Il est plus sec, moins doux. Il est plus sérieux, moins amical. Simple sensation paranoïaque ou inquiétante réalité ? Un proche de l'entraîneur me confirme la justesse des craintes et m'en donne l'implacable raison :

> « Cinq à sept joueurs vont devoir faire leurs bagages parce que lui l'aura décidé. Et personne d'autre. Ça lui fait mal et, en même temps, il ne veut surtout pas prendre les gars en traître. Jouer les copains tout en signant leur bon de sortie. »

Zidane reçoit ses footballeurs un par un dans le secret de son bureau et leur annonce son verdict. Sans témoin. Moments difficiles, cruels même. Mais il assume pleinement sa mission et les affres qu'elle distille. En l'acceptant poitrine ouverte et sans réticence aucune, il monte d'un étage dans la domination et la puissance. Jamais il n'en fut aussi riche, même aux heures les plus glorieuses de sa carrière de joueur. Il en connaît cependant le péril car davantage de pouvoir, c'est aussi davantage de solitude. Inséparable duo qui ne va pas le lâcher de sitôt.

Chapitre 3

UN ÊTRE EXPLOSIF

Douze. Les douze apôtres, les douze coups de minuit, les douze mois de l'année, les douze heures du jour, les douze travaux d'Hercule (et d'Astérix), les douze signes du zodiaque, les douze étoiles du drapeau européen, les douze portes de Jérusalem, les douze divinités de l'Olympe. Et les douze cartons rouges de Zinédine Zidane en club.

Et les deux supplémentaires sous le maillot bleu, en phase finale de Mondial de surcroît.

L'histoire de l'idole englobe le plus beau et le plus laid, le plus brillant et le plus violent. Comment le gentil et timide garçon de Marseille, si obéissant à ses parents, à ses professeurs et à ses formateurs, a-t-il pu se montrer, à certains moments très précis, si convulsif et si brutal ? Au point de devenir le footballeur célèbre à vocation offensive le plus expulsé de l'histoire du football quand des meneurs de jeu similaires, comme Michel Platini ou l'Espagnol Andrés Iniesta, n'ont même jamais eu affaire à la sanction suprême d'un arbitre. Mystère et boule de cuir. Zizou lui-même est incapable aujourd'hui de donner avec précision le nombre de ses expulsions. Cet incontrôlable tempérament, parfois animal dans son expression physique, tellement éloigné de son éducation et de ses principes, l'a poursuivi tout au long de sa carrière. Les morceaux de papier écarlates du juge en noir se sont dressés sous son regard ébahi à Cannes, à Bordeaux, à Turin, à Madrid et en équipe de France, s'invitant même au moment le plus dramatique, teintant de rouge sa sortie du stade olympique de Berlin le 9 juillet 2006. Quitter de cette manière une finale de Coupe du monde, une carrière, une passion, une vie…

Ce soir-là, le mauvais génie qui l'a sans cesse accompagné dans un coin de sa tête et sur le bout de ses crampons avait frappé fort. Trop fort, diront ceux qui rêvaient légitimement à un autre épilogue pour le destin le plus fabuleux du football français. Pas mieux que le bon génie Dugarry pour expliquer l'inexplicable et tenter de comprendre l'incompréhensible :

> « Zizou a toujours su qu'il n'était pas à l'abri de ces choses-là. Toute sa carrière il aura combattu cet instinct au fond de lui, ce caractère dont il n'était jamais à l'abri. À tout moment il pouvait répondre à une injustice, à un défenseur trop agressif qui le cherchait. Surtout qu'à l'époque, le football marchait beaucoup à l'intox et à l'intimidation. Il fallait qu'il vive avec, qu'il fasse avec. »

Une réactivité exacerbée, une sensibilité extrême, qui s'étaient remarquées très tôt dans sa carrière. Déjà à l'adolescence, alors jeune apprenti footballeur au centre de formation de l'AS Cannes, Yazid ne supportait pas les insultes et les marques de haine. Et réagissait au quart de tour. David Bettoni l'a vécu aux premières loges :

> « Il pétait des câbles et se faisait expulser parce qu'il n'acceptait pas les injustices. Je me souviens d'un

match de division d'honneur que nous avions disputé dans les quartiers nord de Marseille. Nous avions 16 ans et en face un vieux briscard avait insulté Smaïl, son père qui était dans la tribune. Yaz avait reçu un rouge parce qu'il voulait se battre, parce qu'il ne supportait pas le manque de respect aux gens qu'il aime. Plus d'une fois, il avait été puni par l'entraîneur et s'était tapé les corvées de vestiaire, comme à l'armée ! C'est quelqu'un de très empathique. Par exemple, même encore aujourd'hui, s'il m'arrive un truc avec un joueur sur le terrain durant un entraînement, s'il me sent en difficulté, il me défend tout de suite. Cela ne s'est pas produit depuis qu'il est coach, mais si un jour il observait une vraie agressivité contre moi ou une autre personne proche, eh bien je sais qu'il répondrait fortement. Pour aider. Même si, la maturité aidant, il serait plus mesuré. »

Depuis treize ans et la finale berlinoise, je mâchonne ma petite théorie personnelle, partagée par d'autres amateurs du football. Celle du piège volontairement tendu par Marcello Lippi, le sélectionneur italien. Celui-là même qui fut son coach à la Juventus Turin et qui connaissait parfaitement la tendance naturelle de Zidane à la colère soudaine pour l'avoir pratiquée durant trois saisons. La stratégie paraît si simple. Il suffisait de harceler le stratège de l'équipe de France sur le corps et par les mots, tenter de le faire dégoupiller pour provoquer son expulsion et bénéficier d'une supériorité numérique décisive. Un trophée mondial méritait bien tous les stratagèmes, et finalement quoi de plus normal dans une bataille que de chercher à affaiblir l'ennemi ? Par tous les moyens. Surtout pour une nation footballistique qui a toujours fait de la tactique son arme la plus destructrice. Le traquenard était vicieux et Zidane s'y était engouffré tête baissée, dans tous les sens du terme. La faute à son « mauvais côté » tel qu'il le désignera plus tard, à un contexte émotionnel fort, au déroulement de la rencontre avec cette épuisante prolongation et à un terrain psychologique favorable à l'explosion. Le volcan se préparait peu à peu à l'irruption. Philippe Parreno l'avait vu, l'avait décelé, l'avait senti. Cet immense artiste, coréalisateur du film *Zidane, un portrait du 21e siècle*, avait passé plusieurs mois au montage des images tournées un an auparavant lors du match opposant le Real à Villarreal. Rencontre au stade Santiago-Bernabéu où Zizou avait été expulsé pour avoir répondu ostensiblement, en envoyant sa main dans la figure d'un adversaire, à un coup reçu juste avant. Quelques minutes après la finale du Mondial, Parreno m'appelle :

> « Je le savais. Je te promets que je le savais. J'ai beaucoup travaillé sur des plans serrés des yeux de Zidane et j'ai reconnu lors de la retransmission télé de ce soir le même regard que celui précédant son carton rouge contre Villarreal. Je sentais que quelque chose allait se produire. »

Que s'est-il réellement passé entre Zizou et Materazzi ? Quels furent les mots exacts prononcés par le victimaire provocateur ? Comment le capitaine des Bleus a-t-il pu se laisser berner de la sorte ? Le défenseur italien était-il quelque part un Judas des temps modernes destiné à l'accomplissement de la prophétie, à la crucifixion de l'idole ?

Parce que, inconsciemment, Zidane cherchait à recouvrer la liberté absolue, celle de ne plus être ce héros que tout le monde attendait, que chaque compatriote français voulait enfermer dans la légende ? Sacrifier Zizou et redevenir Yazid ? Le féru de psychanalyse que je suis a multiplié dans sa petite tête les théories les plus innocentes et les plus tordues. Sans jamais oser les exprimer devant lui. La curiosité a eu beau me tarauder toutes ces années et la vie m'offrir de multiples occasions d'aborder le sujet, même du bout des lèvres, je n'ai jamais eu l'impudeur de le questionner. J'ai toujours trouvé des excuses à l'autocensure. Du style « c'était un match de l'équipe de France et je suis uniquement un spécialiste du football espagnol » ou encore « cela s'est déroulé en Allemagne, donc en dehors de ma circonscription ». Il est tellement pratique de se mentir à soi-même. J'ai assimilé le tabou du coup de boule comme d'autres un secret de famille. Une sorte de « *Don't ask, don't tell* » qui dure depuis treize ans et que partage aussi son ami de cœur, son presque frère Christophe Dugarry :

> « Je n'en ai jamais parlé avec lui. Jamais. Je sais que c'est un moment de son existence d'une vraie gravité, alors je ne l'évoque pas. Quand une personne vit un événement tragique de quelque teneur que ce soit, il est logique et humain de ne pas aborder le sujet si la personne en question ne veut pas. Eh bien là c'est pareil. Comme un deuil. Même si je ne me suis jamais empêché de parler de quoi que ce soit avec lui, là je sens que c'est un truc qu'il veut garder pour lui, qui a une résonance toute particulière. Et puis sincèrement je m'en fous ! Je ne lui ai jamais posé de question, par pudeur certes, mais surtout parce que je m'en fiche. Qu'est-ce que ça va changer ? Nous nous connaissons depuis nos 14 ans, je savais que cela pouvait se produire et je me dis que s'il a réagi de cette manière c'est

qu'il a ressenti un profond sentiment d'injustice. Cela me fait de la peine pour lui, bien entendu, car c'est mon ami. Je sais ce qu'il vaut, je sais ce qu'il est. Je sais qu'il a été l'homme le plus malheureux du monde pour ce qui s'est passé ce soir-là. Je ne le juge pas et je ne le jugerai jamais. »

Les colères chaudes et froides se mélangent car Zidane est inapte au mensonge et à l'hypocrisie. Incapable de dissimuler ses sentiments dès qu'ils s'assombrissent. Durant ce fameux dernier Mondial, son dégoût pour Raymond Domenech se respire constamment. Le sélectionneur des Bleus ne correspond ni à ses valeurs humaines, ni à sa conception de la gestion d'un collectif, ni à sa vision de l'existence. Les deux hommes sont comme deux étrangers qui ne parlent pas la même langue. Le fossé se creuse de jour en jour, à tel point que Zizou ne prononce jamais le nom, encore moins le prénom, de celui qui dirige l'équipe. Se bornant aux mots « coach », « entraîneur » ou « sélectionneur ». Et quand Domenech le fait sortir à deux minutes de la fin du match de premier tour contre la Corée du Sud, il se sent doublement humilié. Par le remplacement insultant et indécent qu'on n'a pas le droit de faire subir à un capitaine, et par la répulsion que lui inspire un sélectionneur aux dérangeantes méthodes. Il va même jusqu'à jeter au sol ce brassard qu'il a tant désiré et tant chéri. Par rage. Par tristesse. Par dépit.

Une fois dépassée la quarantaine, une fois installée la maturité, une fois devenu entraîneur, Zidane saura être plus mesuré dans ses gestes de colère et même un peu plus diplomate, voire politique. Son appréhension du monde devient moins binaire, moins radicale. Il gagne en souplesse mentale ce qu'il perd, comme tout homme qui avance en âge, en souplesse physique et apprend à manier ce qu'en Espagne on appelle la « main gauche », expression tauromachique qui met en avant une certaine douceur, une certaine agilité, une alternative à la confrontation directe. Allier le doux et le moins doux. Le dur et le moins dur. Il s'explique :

> « Si tu es lisse avec tes gars, ça ne marche pas. J'ai découvert que je pouvais crier dans un vestiaire à la mi-temps et que cela avait un effet positif sur mes joueurs en deuxième période. Je le fais rarement car je pense avoir une autorité naturelle qui ne m'oblige pas à la ramener comme certains qui passent les matches et les entraînements à gueuler sur les footballeurs. Si je criais tout le temps je ne serais pas moi, mais un petit coup de gueule de temps en temps, quand c'est nécessaire, ça fait du bien à l'équipe. »

Les exemples sont rares mais puissants, surtout avec les stars de l'équipe première. Zizou se montre bien moins indulgent avec les pros qu'avec les jeunes de la troisième division. À niveau plus élevé, exigence plus grande et remontrances plus acides. La dernière véritable explosion date d'avril 2019 après une défaite sur la pelouse du Rayo Vallecano, petit club fragile voué à la descente en deuxième division. Le match était sans enjeu pour un Real déjà écarté de toute aspiration de trophée, mais le comportement dilettante de ses mecs révolte l'entraîneur fraîchement revenu aux affaires. Raphaël Varane, un ch'ti qui combine les trois énormes qualités d'être champion du monde, d'évoluer sous le maillot blanc madrilène et d'avoir été formé au RC Lens, me rappelle après la rencontre combien Zizou peut dégager les bronches :

> « Nous avons pris une sacrée soufflante dans le vestiaire à la mi-temps. Le coach n'était pas du tout

heureux de ce qu'il voyait sur le terrain. Il était vraiment très énervé. »

Il ne lui avait d'ailleurs fallu que deux mois après sa nomination à la tête du Real, en janvier 2016, pour prouver publiquement qu'il ne se laisserait jamais marcher sur les souliers cirés. Ce soir du 13 mars, après une victoire *in extremis* à Las Palmas, dans les îles Canaries, au terme d'un match lamentable de son équipe, le gentil coach se fâche. Le regard est austère et fixe un point sur l'horizon, sans destinataire précis. La voix est grave et distille des mots lents et abrupts :

> « Je ne suis pas content, je suis même inquiet. Nous avons perdu une quantité de ballons hallucinante. Si nous continuons à jouer ainsi, nous n'irons nulle part. Nulle part… »

Premier refroidissement dans la chaleur du vestiaire, premier coup de poing sur la table de massage, premier avertissement que Zidane n'est pas venu pour s'amuser avec les copains. Affirmation de l'autorité d'un homme qui connaît le milieu du ballon comme un magicien le fond de son chapeau haut-de-forme. Quelques semaines plus tard il me confie ses impressions et sa détermination :

> « À moi, on ne me la fait pas ! J'ai dix-sept ou dix-huit ans de vestiaire sur les épaules et je sais comment ça marche. Je ne suis pas du genre à la ramener devant les joueurs, à sortir mes titres de champions du monde, d'Europe et tout le tralala. Mais je veux simplement qu'ils comprennent bien à qui ils ont affaire. »

Les excuses fallacieuses, les manques de motivation, les petits coups de tire-au-flanc, les bassesses humaines et sportives, les mensonges sur les sorties nocturnes, les rivalités perverses, les jeux hypocrites, les tapes dans le dos et les croche-pieds... Zizou, le footballeur devenu entraîneur, connaît la liste sur le bout des orteils. En français, en italien et en espagnol. Pas besoin d'interprète non plus pour balancer à la face des tapeurs de ballon les vérités qui bouillent en lui, pour étaler les reproches et distribuer les mauvais points. Mais jamais, pour rien au monde, les remontrances paternalistes ou professorales ne se font au grand jour, sur une estrade, devant les micros et les caméras. Plus le discours est acerbe et cinglant, plus il est intime. Pas le genre de la maison marseillaise d'humilier qui que ce soit publiquement, les maillots sales se lavent dans le vestiaire. Une constante non négociable chez Zizou. À l'image de sa réaction, en janvier 2018, à la plus grande crise vécue par son équipe. À cette époque charnière, les joueurs traînent leur blues de fin de semaine et les résultats se rapprochent bien plus des soustractions que des additions. C'est là que Zidane, redresseur de torts en interne, se présente ouvertement comme le protecteur de ses gars :

> « Ce n'est pas parce qu'ils ont fait trois-quatre mauvais matches ou qu'ils ont connu trois-quatre situations difficiles que je vais retourner ma veste. Je ne suis pas comme ça. Ceux qui le font, qu'ils assument, mais moi j'assume autre chose. J'assume ce que je suis et je défends les miens bec et ongles. Je crois en mes joueurs et ce sera comme ça jusqu'à la fin. Je ne suis pas de ceux qui jettent de la merde sur un ou deux footballeurs quand ils ne sont pas bien et qui lancent : "C'est la faute de celui-ci ou de celui-là !" Nous sommes tous dans le même bateau. »

Une attitude loyale qui, même dans les moments les plus tendus et délicats, lui permettra de conserver le respect et l'admiration de l'ensemble des membres de son effectif. Hormis peut-être quelques brebis égarées comme le Colombien James Rodriguez et le Gallois Gareth Bale. Deux opposants à la méthode Zidane, deux victimes méritoires de son appréciable intransigeance. Avec lui aux commandes, une juste radicalité s'impose. Il n'a aucune pitié pour les paressseux, aussi talentueux soient-ils, aussi cher aient-ils coûté au club, aussi brillants soient leurs noms en haut de l'affiche du football mondial. Ceux qui ne travaillent pas à l'entraînement n'obtiennent pas le droit, ce plaisir sucré, de disputer les matches. Pour une simple raison pratique de rendement et d'efficacité, pour le célèbre adage « on joue comme on s'entraîne », mais aussi par équité, par respect pour ces coéquipiers qui triment toute la semaine sans toujours être récompensés le week-end.

D'abord conciliant avec le Sud-Américain et le Britannique, dans l'attente d'une réaction positive, il se montre vite implacable et les écarte comme on punit les cancres. Sans sourciller, malgré les pressions internes, les campagnes de presse et, comble du ridicule, les accusations de racisme venues de Colombie. Quand une personne perd sa confiance, la sanction est rapide et la rédemption difficile. Même s'il peut aussi faire preuve d'un certain pragmatisme professionnel, ses sentiments profonds restent figés. Je n'aimerais pas me retrouver un jour dans la peau des bannis de Zidane, vivre un conflit long et profond avec cet homme dont un seul regard vous arrache le cœur et les tripes, dont le silence peut vous glacer le sang, jusqu'à la dernière et plus petite veine. Je le sais, car j'ai parfois goûté à quelques grammes de sa colère, connu des discussions fermes et désagréables. Très rares, certes, mais très marquantes. La première se déroule en 2003 dans l'ancienne cité sportive du Real, sous un magnifique soleil d'hiver madrilène. Je l'attends comme tous les jours, à l'affût de la moindre petite information, de quelques mots échappés de ses lèvres qui pourraient conduire à l'écriture d'un article, à un direct à la radio. Plus pêcheur que chasseur, tant la patience prend un caractère obligatoire dans mon métier du quotidien. Zizou sort des installations sportives d'un pas énergique et me cherche parmi la grosse poignée de reporters qui battent le pavé. Les sourcils froncés, la bouche resserrée, il se précipite vers moi. Je comprends aisément qu'il ne vient pas me féliciter pour mon dernier « papier », comme on dit dans le jargon des rédactions de presse. Ça crie, ça crise :

« C'est quoi cet article ?

— Lequel ?

— Celui sur le mystère Zidane. Quel mystère ? Mais quel mystère ?

— OK, Zizou, tu peux me gueuler dessus mais pas devant tout le monde. »

Nous nous dirigeons alors vers le centre médical et nous asseyons dans une pièce libre de tout curieux. Il s'est passablement calmé. N'étant l'auteur ni de l'œuvre ni de ce titre qui hérisse l'idole, j'appelle Fabrice Jouhaud, alors chef du service foot de *L'Équipe*, et lui passe Zinédine. Ça va beaucoup mieux quand il comprend qu'il n'y a aucun sous-entendu malsain dans le choix de ces termes sinon une simple interrogation technico-tactique sur la différence de niveau affiché en équipe de France et celui, très convaincant, avec le Real. Ni plus ni moins. J'assimile alors, en analysant la surréaction de Zidane, exagérée et injuste, que, comme tout un chacun, quelques phobies lui empoisonnent le cerveau et les muscles zygomatiques.

Moi j'adore les mots « rivage » et « déchirure » et lui déteste les mots « mystère » et « secret ». C'est comme ça. Tout ce qui pourrait peut-être laisser imaginer quelque chose de louche, de pas clair, de honteux lui est insupportable. Soucieux de son image et surtout de ce que va lire son père dans le journal, Zizou craint les malentendus et les mauvaises interprétations. Aujourd'hui, avec le recul, je ne peux que lui donner mille et une fois raison. Ma présence répétée dans les médias, avec la petite notoriété apportée par ma proximité physique avec les plus grandes stars du football planétaire, a fait de moi, comme tant d'autres, une cible des réseaux sociaux. Je constate avec effroi la manipulation abjecte de mes propos et ses désespérantes conséquences.

Zidane me fera encore quelques petites crises, me laissera des messages décapants, à 6 heures du matin, sur la boîte vocale de mon téléphone portable que je découvrirai au petit-déjeuner. J'avalerai parfois de travers le croissant dégueulasse et collant que m'aura proposé la boulangerie du coin, dans ce pays aux divins anchois mais à la piètre viennoiserie.

« Enfin Zizou ce n'est pas moi qui ai écrit l'article…

— Je m'en fous, pour moi *L'Équipe* c'est toi ! »

Boîte aux lettres du bureau des plaintes, ambassadeur de ma gazette, au cœur de multiples incidents diplomatiques, j'ai connu les facettes les plus irritées et irritables de l'idole de la République. J'en ai parfois souffert, me suis inquiété, me suis énervé. Je l'ai maudit et j'ai même, dans des accès ponctuels, désiré qu'il quitte Madrid. Mais jamais je n'ai ressenti la moindre pression, la plus petite limite, à l'heure de prendre la plume ou de crachouiller dans le micro. Jamais au grand jamais Zinédine Yazid Zidane, fils de Smaïl et Malika, n'a tenté de connaître à l'avance les informations que je m'apprêtais à révéler, n'a cherché à m'influencer, n'a souhaité relire avant parution le texte de l'interview que je venais de réaliser. Il s'est réservé le droit à la colère postérieure mais pas celui à la censure préalable si chère aux conseillers en communication.

Liberté, liberté chérie. Zidane est français. Et moi aussi.

Partie 4

HOMME MYSTIQUE, HOMME PUBLIC

Chapitre 1

Sa bonne étoile

« Rêver un impossible rêve,
Porter le chagrin des départs,
Brûler d'une possible fièvre,
Partir où personne ne part. »

Difficile d'aimer Jacques Brel et de vivre en Espagne sans fredonner quelques airs de *L'Homme de la Mancha*. Et si Zinédine Zidane, ce Don Quichotte à la folie maîtrisée, se met à vous parler d'une étoile, ce sont tous les couplets de *La Quête* qui tournent en boucle entre vos oreilles d'exilé volontaire. Cette merveilleuse chanson est l'hymne de tous les amants de l'espoir désespéré, des bâtisseurs de songes, des galopeurs de destin.

Zizou s'approche de la fin de sa carrière de joueur de ballon quand il prononce devant moi cette phrase qui dit tout de la profondeur de son être, de son émerveillement face au bonheur et de son dépouillement devant cette douce réalité qu'il n'a pas choisie :

> « Je sais bien que je n'ai pas une vie normale, que je suis protégé par une étoile là-haut. »

Je le connaissais superstitieux, comme tous ces footballeurs bardés de pattes de lapin, de traditions immuables et gentiment grotesques, de chaussette droite qu'on doit toujours mettre avant la gauche (ou l'inverse), de caleçons fétiches décolorés, de protège-tibia craquelés irremplaçables, de rites païens privés et avouables. Ainsi, sa relation avec le chiffre 5 est ensorceleuse. Né d'une famille de cinq enfants, il porte le numéro 5 comme joueur madrilène et dispute cinq saisons sous le maillot blanc, son premier match en tant qu'entraîneur du grand Real se termine par 5-0, le mot de passe de son ordinateur portable professionnel ne contient qu'un seul chiffre, le 5, les complexes de foot en salle qu'il a ouverts en France et en Italie s'appellent les Z5...

Tout tourne autour du 5, considéré en numérologie comme le symbole de la liberté, de la mobilité, du dynamisme, du changement, de l'aventure. Et du mouvement. De nouveau cet éternel mouvement qui a rythmé et guidé son existence. Pas de hasard. Et la fameuse étoile qui veille sur lui ? 5 branches, bien entendu.

Avec ces quelques mots alignés dans notre conversation de fin de matinée, je le découvre mystique. Profondément mystique. « Telle est ma quête, Suivre l'étoile, Peu m'importent mes chances, Peu m'importe le temps. » Impossible d'arrêter le vinyle qui s'accélère sur la platine de mon cerveau. Zidane me surprend et m'intrigue. Ce constat de sa différence, de son privilège, le rend passionnant et humble à la fois. Comme s'il dégradait volontairement le mérite de son immense réussite personnelle en l'attribuant à une force supérieure. Je feuillette le dictionnaire Larousse bleu que la municipalité de mon petit village m'a offert en 1980, comme à tous les écoliers de ma classe, pour le passage en sixième et le départ pour le collège de la grande ville d'à côté. Il manque sur les pages jaunies les mots bodybuilding, trash, kiffer, blockbuster, spoiler, boloss, selfie, vegan entre autres centaines de termes apparus et intronisés depuis. Pas sûr que je perde grand-chose. Je cherche étoile et je lis les premières lettres : « Astre doué d'un éclat propre. » Belle définition, délicate, poétique. Telle est donc la compagne cachée de Zizou, l'autre mère, l'autre grande sœur, protectrice et lumineuse. Depuis cette confession, j'ai le sentiment de partager avec lui une richesse essentielle, de pouvoir utiliser un autre langage. Spirituel et intime. Une découverte, une conviction renforcée par la lecture d'une interview réalisée en août 2005 par Patrick Dessault dans *France Football*, à l'occasion du retour de Zinédine chez les Bleus. Un échange troublant au cours duquel il raconte une étrange apparition, entre rêve aux yeux ouverts et réalité endormie :

> « Une nuit, à 3 heures du matin, je me suis soudain éveillé, et là, j'ai parlé avec quelqu'un. Mais ça, personne ne le sait. Ni ma femme ni personne. Jusqu'à mon dernier souffle je ne dirai pas de qui il s'agit. C'est trop fort. C'est une énigme, oui, mais ne cherchez pas, vous ne trouverez pas. C'est quelqu'un que vous ne croiserez probablement jamais. Moi-même je n'explique pas cette rencontre. Cette personne existe mais ça vient de tellement loin. Et là, durant les heures qui ont suivi, j'étais tout seul avec elle et j'ai pris la décision de revenir en équipe de France. C'est à cette heure-là qu'elle est née. Je n'avais jamais connu ça, cette force qui guidait ma conduite. Une force irrépressible qui s'est emparée de

moi à ce moment-là. Je devais obéir à cette voix qui me conseillait. »

Zidane ne souhaitera jamais revenir sur ces mots qui troubleront quelque peu l'opinion publique. Il ne les assumera pas vraiment non plus. Cependant ils sont là, bien là. Et tellement révélateurs d'une puissance intérieure ouverte aux forces de l'esprit. Ses parents Smaïl et Malika sont des musulmans croyants, Zizou n'est pas une personne religieuse mais un mystique, un homme qui sait enjamber le matérialisme, décoller les pieds du sol, regarder vers le ciel. En pleine connaissance de ce délicieux particularisme, je n'hésiterai donc pas à briser la distance salutaire naturellement établie entre l'entraîneur et le journaliste, entre l'idole et le conteur, entre Zinédine Yazid Zidane et Frédéric Louis Gustave Hermel. J'oserai, un jour, lui faire un cadeau. De ceux qui ne s'achètent pas dans les boutiques, qui ne s'offrent pas au premier venu, qui ne s'adressent qu'aux êtres spirituels bien préparés.

C'est le mois de mai 2016 et le Real du coach français vient de se qualifier pour la finale de la Ligue des Champions, un match à disputer dix jours plus tard à Milan contre l'Atlético de Madrid. De nouveau les voisins de la capitale, deux années après le rendez-vous de Lisbonne où Zizou officiait comme adjoint de Carlo Ancelotti. Mais, cette fois, le Marseillais porte la veste du patron.

Gros événement pour le football français que de contempler l'approche de l'exploit par l'une de ses ouailles, et pas n'importe laquelle. Énorme intérêt des médias tricolores, à commencer par les miens, et présage d'une immense couverture informative et émotionnelle. Lionel Dangoumau, responsable de la rubrique football à *L'Équipe*, me commande avec délectation une interview de l'entraîneur. Je frétille à l'idée de cueillir ses impressions, ses peurs et ses désirs, comme l'œillet, le muguet et la pivoine, ces fleurs à la mode du printemps. Je brûle de glaner quelques secrets sur sa préparation et sa stratégie pour le plus grand et vibrant match de sa jeune carrière de coach. Les choses sont claires, une victoire tracera une somptueuse ligne de destin, mais une défaite le marquera à jamais. Une finale de la plus prestigieuse compétition de clubs réunit des centaines de millions de téléspectateurs à travers le monde et toute décision tactique, tout changement erroné ou réussi, toute manœuvre de l'entraîneur est analysée, décortiquée, exagérée, critiquée ou encensée. C'est l'oral du bac devant un jury planétaire. Alors comment se prépare l'élève précoce et surdoué ?

« Allô, Zizou, ce serait vraiment bien que tu me reçoives une petite heure pour un entretien. J'ai une demande de mon journal. C'est important.

— Fred, tu sais bien que ce n'est pas possible. Si je te parle à toi, je vais devoir parler aux autres. Et j'ai besoin de tout mon temps, de toute mon attention pour le façonnage de mon équipe. Je dois aussi me protéger, une déclaration mal interprétée pourrait créer du buzz et perturber la préparation du groupe. Un tel match requiert de la tranquillité, de la sérénité et du calme.

— Je te comprends parfaitement, mais comprends-moi toi aussi. Je vais signer des tonnes d'articles et parler des heures à la radio sur cette rencontre. Il est essentiel que je saisisse qui est le Zidane à l'aube d'un événement colossal de sa carrière. Je ne vais pas faire de l'interprétation, de la supputation comme c'est l'usage en ce moment dans les médias. J'ai besoin de tes mots pour ne pas dire de conneries, pour m'approcher le plus possible de ta réalité. Je n'ai pas assez de talent pour écrire sans informations.

— En *off* je veux bien. Viens demain. »

Mon enthousiasme adolescent m'avait trahi alors que, dans le fond, je savais que Zizou n'accepterait pas l'interview. Je prends toutefois cette visite privée, cette audience avec mon compatriote entraîneur, comme un utile et joli lot de consolation. Je déteste l'anorexie journalistique, ces articles squelettiques sans chair, sans la vérité directe des protagonistes de l'événement que je couvre. Vieux réflexe de reporter de terrain, formé en région dans un autre siècle, au cœur de cette « PQR mon amour » telle que les révoltés des gazettes de territoires l'ont aujourd'hui baptisée. Me voilà en route pour l'antre de Zizou, à l'heure de l'apéritif d'eau gazeuse. Mains sur le volant de ma Twingo, paire d'yeux sur la route et cerveau qui liste les multiples questions que je m'apprête à poser au stratège franco-madrilène. Le passage à l'âge adulte, au poste d'entraîneur du grand Real, marque aussi l'attribution d'une suite royale dans le bâtiment des ouvrages. Logique et confortable surclassement pour celui qui passe d'interminables journées au centre sportif. Je suis guidé par Carlos Carbajosa, vieux copain et chef de presse du club, vers la pièce où officient les adjoints du « mister ». Quelques minutes d'attente, quelques sympathiques palabres, quelques petites blagues, et me voilà invité à pénétrer la salle de contrôle de la plus prestigieuse équipe de football du monde, le grand bureau désormais réservé à Zinédine Zidane.

La discussion me ravit, me trouble et me fait frissonner. J'écoute, je décèle, je constate, j'apprends, je comprends. Quatre mois ont passé et Zizou a bien grandi depuis les petits terrains de la troisième division. Soixante et quelques minutes se sont écoulées et je peux repartir l'âme légère et la musette remplie de dizaines de précieuses données, de documents parlés, d'amusantes anecdotes qui vont nourrir ma prose et mon discours. Pas de scoop, ni de déchirantes révélations, juste de la bonne matière première pour mes prochains récits. Je suis gentiment rassasié. Mais avant de prendre congé, de retrouver mes pénates et de mettre en ordre sur un carnet les tout frais souvenirs de cette rencontre en tête à tête, je saisis ma sacoche noire et la pose sur la table de travail du coach. J'en sors une petite boîte bleue rectangulaire, longue et fine. Je l'ouvre délicatement et en extrais un objet très spécial. Immensément spécial. Je le lui tends et lui dis d'un ton cérémonial :

> « Ce cierge a brûlé sur la tombe du Christ à Jérusalem. Il est pour toi. Pour t'accompagner à la finale. »

J'avais à peine 10 ans quand j'ai débuté, avec ma tendre amie Corinne, les lectures du dimanche dans l'église de ma chère commune artésienne. Face aux fidèles assis devant la croix, je me délectais des mots du grand livre lourd au fil de couleur rouge qui rythmaient la messe. Chaque fois que mes lèvres d'enfant prononçaient le mot « Jérusalem », un frisson parcourait mon cœur et mon corps. Avec une telle ardeur qu'une fois adulte j'ai coupablement et inlassablement retardé mon voyage en Terre sainte. Par peur d'affronter mes rêves, mes phantasmes de gamin. Pour, finalement, y accourir tous les ans avec une insatiable avidité. C'est à l'été 2015, à ma huitième visite en Israël, que j'ai ramené une poignée de bougies de cire brune, posées et allumées quelques minutes sur les parois du monument de bois qui entoure la divine sépulture de

Jésus, fils de Joseph et Marie, puis éteintes d'un simple souffle et d'une larme salée. Tradition que j'ai faite mienne en observant les centaines et centaines de pèlerins qui s'engouffrent chaque jour que Dieu fait dans cet envoûtant lieu de culte et de tourisme.

> « Jérusalem est la ville sainte pour les juifs, les chrétiens et les musulmans. Ce petit cierge est chargé de l'énergie de la foi des croyants qui s'y croisent. Il te donnera de la force et te portera chance pour le match. »

Je crois avoir été rarement aussi proche de Zizou qu'à ce moment-là. Jamais je ne lui ai ouvert autant les portes, montré aussi impudiquement les entrailles de ma vie et de mon *credo*. Il aurait pu me regarder comme un fou ridicule ou, pire, comme un type se prenant pour ce tout proche qu'il n'a pas le droit d'être, pour un con qui ose. Franchir de la sorte le Rubicon de l'intimité et de la spiritualité n'est pas une mince affaire, une sorte de risque non contrôlé. Son sourire complice finalement pas si surpris, son « merci, Fred » chaleureux et la tape dans le dos au passage de la porte de sortie me rassurent et me font comprendre que j'ai visé dans le mille de la confiance.

Rien cependant comparé à la vibration de mon téléphone du 28 mai 2016, jour de cette fameuse première finale de Zidane le coach. Il est 14 h 45 et je m'apprête à prendre mon déjeuner, à cette heure espagnole qui m'est devenue familière depuis si longtemps. Je trépigne depuis le petit matin, anxieux de cette rencontre au sommet d'où le football madrilène dominera l'Europe et le monde. Ma ville, celle que j'ai choisie il y a un quart de siècle, murmure déjà les clameurs qui envahiront une soirée qui se rapproche trop lentement. Mon compatriote et résident de Madrid, celui que je n'ai pas choisi mais que la vie a déposé sur ma route, doit sûrement régler les derniers détails de sa tactique conquérante. L'application WhatsApp s'agite et je jette un regard distrait, persuadé qu'un producteur de RMC vient de m'envoyer le programme de mes réjouissances radiophoniques. Surprise, ce n'est pas un plan de travail qui apparaît mais une photo. Celle de la bougie de Jérusalem, posée sur la commode d'une chambre d'hôtel milanais. Avec ce message : « La classssssseeeeee… » Le nom du destinataire qui s'inscrit en haut de l'écran du téléphone est bien celui du récipiendaire du cadeau. Zizou ne m'adresse pas une longue lettre, il veut simplement que je sache qu'il a emporté le cierge dans ses bagages et dans son souvenir, qu'il croit dans la puissance de cet objet rapporté de Terre sainte et que mon présent n'a rien d'anodin, ni de risible. Petit clin d'œil amical qui me fait sourire tendrement. Seuls lui et moi, et l'incontournable David Bettoni, connaissons cette histoire de mèche allumée sur un bout de cire d'abeille. A-t-elle eu un effet sur la finale ? Bien moins, soyons doucement modestes, que l'erreur terrible commise par Diego Simeone, l'entraîneur de l'Atlético, à l'heure de choisir la stratégie des tirs au but, dernier recours pour départager les deux équipes au bout de cent vingt minutes de duel. Son capitaine avait remporté le tirage au sort lui permettant de décider de l'ordre des tireurs et, bourde volontaire guidée par la superstition, le coach argentin avait laissé au Real la possibilité de débuter la session. Au mépris de toutes les lois statistiques qui affirment que l'équipe frappant en premier a soixante pour cent de chances de remporter la séance et donc le titre en jeu. Bien entendu, j'ai toujours affirmé avec aplomb devant Zidane et son staff que c'est grâce à ma fameuse bougie qu'ils avaient décroché la coupe aux grandes oreilles. Devant le doute complice et souriant, le coach s'est senti très heureux de recevoir de mes mains un autre cierge un an plus tard, dix jours avant une nouvelle et pourtant improbable finale de cette même Ligue des Champions. Et puis encore l'année d'après, suivant le même protocole, pour l'incroyable troisième qualification consécutive à ce grand rendez-vous du football continental. Avec le même glorieux final. La « tradition chandelière » s'est donc naturellement installée, m'offrant à chaque fois la petite session de *off* si foisonnante et si utile à mon labeur informatif.

Je sais toutefois qu'avec le récent retour de Zidane à la tête du Real, un nouveau voyage à Jérusalem s'avère nécessaire pour remplir ma réserve de livreur de cire. Avec un tel destin, il convient d'envisager toutes les options, surtout celle du brio et du succès immédiat. Bettoni, lui, scrute infiniment plus loin. Depuis très longtemps il a senti que son ami était appelé à de grandes choses, à rayonner, à caresser le surnaturel. Il me l'avoue, presque un peu gêné par sa pensée. Lui aussi respire le mystique :

> « En fait, il a une mission sur cette terre. Yazid dégage de la lumière. Oui c'est ça, il est lumineux. »

Et, comme toutes les lumières, il attire à lui. Il est passionnant d'observer cette intériorité à l'épreuve de la foule, celle qui ne cherche que le contact éphémère avec l'idole, via une photo ou un gribouillis sur un morceau de papier. L'homme mystique et l'homme public cohabitent. Mais souvent le pratique l'emporte sur la profondeur spirituelle. Faute d'échappatoire, question de sécurité purement physique. La tactique avec laquelle Zizou gère ces situations n'a rien à envier à celle inventée lors de la deuxième mi-temps d'un match qui refuse de se décanter. Il faut être vif d'esprit et de corps. Prendre la meilleure décision au meilleur moment. Il la révèle de manière anodine à l'automne 2005, alors que nous roulons en direction d'une salle de projection cinématographique. Philippe Parreno, coréalisateur du film *Zidane, un portrait du 21e siècle*, va nous présenter un extrait du premier montage. Je guide le Marseillais dans la proche banlieue de la capitale espagnole à grand renfort de gestes et de références urbanistiques. Il s'exclame :

> « Ah mais oui je connais par ici ! Je vois tout à fait, c'est à côté d'un immense magasin de sport où j'ai mes habitudes.
>
> — Ah bon ? Tu vas toi-même faire tes courses dans une grande surface de ce genre ?
>
> — Bien sûr que oui. Mes garçons adorent y aller, alors je ne peux pas y échapper.
>
> — Mais comment fais-tu pour éviter que les gens ne te sautent dessus ?
>
> — C'est simple. Je vais t'expliquer. Le truc c'est de toujours être en mouvement. Tu marches, tu pousses ton caddie et tu y mets les produits rapidement sans trop réfléchir.
>
> — Et puis toi tu n'as pas besoin de comparer les prix… »

Je conclus cette remarque d'une beaufitude absolue avec un regard faussement enjoué. Je prétendais être drôle avec cette référence aux importants revenus de mon chauffeur du jour, mais je fais un flop. Zizou n'y prête aucune attention. Il poursuit l'explication de son habile stratagème :

> « Il ne faut jamais que tu stoppes car, tant que tu bouges, personne n'ose t'interpeller ni même

s'approcher. Mais si tu as le malheur de t'arrêter quelques secondes dans un magasin ou dans tout endroit avec du monde, là tu es mort. Automatiquement un cercle se forme autour de toi et il y a toujours quelqu'un pour faire le premier pas et emmener tous les gens vers toi. »

Et quand il ne lui reste plus aucune protection, c'est son charisme qui prend le relais. Réalité contrastée et documentée : on ne peut pas faire n'importe quoi face à Zidane. Parfois, on ne peut plus rien faire du tout. J'ai vu de puissants hommes, riches et hautains, se dépouiller soudain de tout pouvoir, exécuter une génuflexion mentale à son apparition aux portes d'un vestiaire, j'ai connu des princes au bord de la syncope pour une poignée de main, des divas aphones pour un regard aimable. Tous égaux devant l'icône, aplanisseuse de différences sociales. Ce qui émane de Zidane remplit tout espace où il se trouve. Grandit les petits, écrase ceux qui se croient hauts. Un constat maintes fois vérifié, pas une vue de l'esprit amoureux. Stéphane Plancque, qui l'a si bien connu à Bordeaux au sortir de l'adolescence, me dit l'évolution du timide aux yeux verts :

« Le sien est un charisme à maturation lente. Zizou était un mélange de réserve dans la vie et d'immense talent sur le terrain. Cette force intérieure qu'il dégage aujourd'hui est la conséquence d'une volonté de se mettre en retrait et d'apprendre, de se construire peu à peu, de ne pas brûler les étapes pour atteindre une confiance absolue en lui-même. »

Mysticisme et charisme. Zidane vit pleinement ce qu'il est et ce qu'il ressent. Dupe de rien et surtout pas de lui-même, ni de ce qu'il représente hors des frontières de l'intime. Antithèse de l'image que le snobisme intellectuel français a voulu imposer durant des décennies sur l'inanité des tapeurs de ballons. Et puis cette petite étoile, là-haut. Toujours fidèle, prête à de nouvelles aventures cosmiques et terrestres.

Chapitre 2

UNE ŒUVRE D'ART

Deux hommes et une idée folle. Un Écossais et un Français réunis par une passion. Douglas Gordon et Philippe Parreno, deux immenses artistes contemporains qui, un jour à Jérusalem, ont joué un match de football. L'histoire aurait pu s'arrêter là, après quelques foulées sur le gazon sec pour un banal et éphémère divertissement. Mais cette rencontre du Proche-Orient n'allait pas rester anodine. Les mots échangés sous la sueur des corps et la libération des esprits devaient sceller une amitié que plus rien ni personne ne pourrait contredire.

Deux hommes qui se rendent compte alors, stupéfaits et déroutés, qu'ils détiennent au fond de leur cerveau le même projet loufoque et impossible. Exactement à l'identique. Sans jamais s'être consultés.

Je n'aurais jamais dû être au courant d'un tel désir caché, soudain mis en commun, si ce n'est grâce à ce coup de téléphone un peu troublé, quelques années plus tard, en 2004 exactement. Le veuf d'une amie espagnole me demande un service que je ne peux évidemment pas refuser à celui qui porte encore le deuil. Pourtant cela me coûte, pourtant je dois me faire violence, pourtant je crains la rengaine de toujours. Deux artistes que je ne connais pas veulent à tout prix me parler de Zinédine Zidane. « Originale requête… », me dis-je en moi-même dans un marmonnement de lassitude. Je suis à mille et une lieues de soupçonner que je vais, par ces deux êtres venus d'ailleurs, d'un univers qui n'est pas le mien, vivre l'une des aventures les plus vibrantes et épatantes de mon existence.

Nous nous retrouvons dans un restaurant madrilène qui sent le poisson et l'ancien régime, lieu de rendez-vous d'une caste aisée poussiéreuse où même les jeunes attablés respirent déjà l'ennui d'un destin tracé d'avance. Les deux brillants intellectuels chauves aux T-shirts échancrés et aux tatouages apparents détonnent dans cette atmosphère de suffisance et d'autosatisfaction bruyante. Je suis venu par politesse, par respect pour la mémoire de cette amie foudroyée quelques mois auparavant par une sorte d'explosion intérieure. Je suis surtout là pour leur avouer poliment que, malheureusement, je ne peux rien faire pour eux et que je leur conseille de suivre la voie officielle du Real Madrid pour toute sollicitation d'un contact auprès de Zizou. Tout en les prévenant de l'immense difficulté d'une telle entreprise et des réticences auxquelles ils seront évidemment confrontés. La peur de déranger Zidane est partagée par grand nombre des dirigeants et autres cadres du club madrilène. Les deux artistes m'expliquent avoir déjà cogné à plusieurs portes dans les hauts étages du stade Santiago-Bernabéu mais que les réponses de Normand bafouillées par leurs interlocuteurs les ont laissés sans espoir de lendemain souriant. Parreno me décrit leur projet :

> « Notre idée est de réaliser le portrait d'un homme au travail comme l'exécutaient les peintres du

XIXe siècle. De filmer Zidane durant tout le temps d'un match, dans les conditions du direct, avec dix-sept caméras de cinéma uniquement braquées sur lui. Et d'en faire un film pour le grand écran.

— Rien que lui à l'image durant quatre-vingt-dix minutes ?

— Oui, uniquement Zizou sous différents angles sur quatre-vingt-dix minutes plus la mi-temps et les arrêts de jeu.

— Du jamais vu dans l'histoire du football et du ciné. Non ?

— Non, personne n'a jamais réalisé une œuvre de cette nature. C'est techniquement très compliqué. Nous savons que sans l'accord total et l'implication réelle de Zidane nous ne pourrons mener à bien ce projet. Penses-tu que tu pourrais lui en parler ? Et même nous aider à le rencontrer ?

— C'est très difficile pour moi car beaucoup de gens me sollicitent de la sorte et je refuse systématiquement de me mêler de choses extérieures à mon travail de journaliste… Mais laissez-moi vingt-quatre heures pour y réfléchir. »

La nuit suivante est agitée. La prudence me pousse à couper court à cette histoire, mais une petite voix intérieure m'incite à foncer vers le trouble, le bizarre, le peu habituel. Je me réveille convaincu de la beauté de cette surprenante idée. Et j'aime la beauté, cette « guérison de l'esprit », cette « manière de résister au monde », telle que l'a soufflé Christian Bobin sur du papier à gros grains. Je vais donc très vite la présenter à Zizou. Quelques jours plus tard, je le croise à la sortie du vestiaire, alerte et joyeux, et me dis que là n'est pas un mauvais moment pour l'interpeller sur ce sujet si peu commun.

« Zizou, tu sais que je n'ai pas pour habitude de te parler de ce genre de choses mais j'ai rencontré deux artistes qui veulent réaliser un film sur toi. Je ne sais comment l'expliquer mais je sens une force spéciale dans ce projet. J'ai le sentiment que c'est un truc unique, différent de tout le reste.

— Fred, tu me connais. Je ne vais pas le faire. Mais si tu trouves ce projet intéressant je veux bien rencontrer ces deux personnes. Comme ça, pour voir. »

Rendez-vous est pris trois semaines plus tard au centre d'entraînement du Real. Gordon et Parreno exposent leurs travaux dans les plus grands et célèbres musées du monde, du MOMA au Centre Pompidou, de la Tate Modern au Palais de Tokyo, mais ce sont deux enfants rêveurs de ballon que j'accompagne dans leur marche vers l'idole.

Le contact physique et verbal a lieu au calme, dans un petit vestiaire que Zidane a demandé de libérer pour nous. Quelques mots aimables du joueur et beaucoup d'écoute. Je ne dis rien et j'observe. Je devine dans ses yeux qu'il est captivé et qu'il comprend l'immense opportunité que les deux inconnus sont en train de lui offrir. Ni Pelé, ni Diego Maradona, ni Johan Cruyff, ni Michel Platini, aucun footballeur mythique n'a eu la chance de se voir consacrer une telle œuvre. Alors que le terme de sa carrière se dessine en filigrane, Zizou devine que ce long-métrage lui permettrait de conserver une autre trace de son passage sur cette terre recouverte de gazon. Les quinze minutes de discussion que j'avais programmées se multiplient par trois et les poignées de main qui concluent l'improbable rencontre sont d'une optimiste franchise. Zidane va y penser. Zidane va réfléchir. Beaucoup. Zidane ne va demander conseil à quiconque. Zidane ne va obéir qu'à son instinct. La réponse qui jaillit quelques semaines plus tard est porteuse de oui et d'avenir.

« Dis-leur que Zidane est d'accord. Qu'il va le faire ! »

Jamais je ne l'avais entendu parler de lui de cette manière, à la troisième personne du singulier, dans une esquisse du syndrome Alain Delon. Comme s'il était déjà l'acteur du film et que le personnage avait son existence propre, qu'il vivait en dehors de lui, sur un écran. S'ensuivent de très longs mois de préparation, plusieurs rendez-vous avec le joueur au cours desquels il exhale son grand intérêt pour le projet et partage avec nous de nombreuses informations sur son métier de footballeur professionnel, ses placements et déplacements, ses gestes techniques, sa vision du jeu…

Des éléments essentiels pour un tournage qui se déroule le 23 avril 2005. Le choix de la date n'est pas anodin, loin de là. Sinon le fruit de multiples et intenses réflexions pour que tous les chemins trouvent leur carrefour. Un samedi soir de printemps qui garantit un stade plein, de jolis bruits de foule et de bonnes conditions météorologiques. Un rival de renom, Villarreal, qui offrira sans aucun doute une grosse résistance à ce Real des « Galactiques » et poussera l'entraîneur, le Brésilien Vanderlei Luxemburgo, à aligner sa meilleure équipe possible. Et donc Zidane. Élément crucial car il serait un peu compliqué de tourner un film sur un joueur assis sur le banc de remplaçants. Gordon et Parreno ont beau être des artistes dits « conceptuels », et même si une de leurs consœurs a déjà réalisé une pièce qui se limitait à filmer David Beckham en plan fixe durant son sommeil, ils aspirent évidemment à plus de mouvement, à sublimer un premier rôle, pas un figurant.

De plus, les assurances prennent en charge tous les cas de figure, dont un orage qui ferait suspendre le match, mais pas son absence du onze titulaire ni sa possible expulsion. Le stress prend possession de toute l'équipe de tournage, à commencer par les producteurs, l'Islandais d'Hollywood Sigurjón Sighvatsson et les Français Anna et Victorien Vaney. Quelque cinq millions de dollars peuvent s'envoler d'un coup si malchance extrême il y a. Zizou me parlera de tous ces risques dans l'interview que nous ferons ensemble pour un bonus du DVD et pour le portfolio de photogrammes qui sortira en librairie.

> « Si nous avions eu la possibilité, j'aurais aimé disputer quatre ou cinq matches. Mais j'avais conscience de la difficulté que cela représentait. Et puis surtout l'idée était de faire une rencontre et de voir ce qui se passait sur ce match-là. C'était aussi tout le risque. On en avait parlé. J'aurais pu me blesser à la cinquième minute et la rencontre aurait été terminée. Réaliser un film comme ça, c'était pas gagné au départ. On n'imaginait pas ce que ça allait donner. »

Ce soir-là lui aussi se met en danger. Cette œuvre cinématographique sera peut-être l'un des derniers matches qui restera dans la mémoire collective, de par le format, la diffusion internationale et la conservation chez plusieurs importants musées répartis sur toute la planète. Il sera jugé un peu plus que d'ordinaire et la précision des capteurs d'images révélera à coup sûr des détails habituellement cachés. Cobaye volontaire d'une opération à corps ouvert à des voyeurs professionnels et furieusement appareillés. Le dispositif a de quoi le faire frissonner de peur et d'excitation. Dix-sept caméras de cinéma, dont un zoom de la NASA, maniées par dix-sept opérateurs de très haut niveau et orchestrées par Darius Khondji, l'un des meilleurs chefs opérateurs du septième art. Il a déjà photographié Leonardo DiCaprio, Nicole Kidman, Jeremy Irons et *La Cité des enfants perdus* de Caro et Jeunet, mais celui qui se présente sur le rectangle vert de la nuit madrilène n'a pas le droit à plusieurs prises, n'a pas lu le scénario, parce que de scénario il n'y a pas, et les onze rivaux qui courent devant lui ne cherchent qu'à gâcher son récital. Partenaires involontaires d'un film où seul le tissu jaune de leurs maillots apparaîtra dans un flou lointain. Il dit :

> « Ah oui, on n'a pas le choix. Là c'est Zizou, Zizou et Zizou. »

La veille du tournage, je suis allé avec Khondji de caméra en caméra, d'opérateur en opérateur. Égrainant à chacun mes souvenirs de matches, mes impressions et mes prévisions sur le comportement à venir de Zinédine le joueur de ballon. Des « à ce moment-là, il aurait plutôt tendance à se placer à cet endroit du terrain, à chercher des yeux et du pied tel coéquipier ». L'entreprise m'a semblé encore plus démesurée et incertaine que celle susurrée par les deux réalisateurs. Folie créatrice où l'improvisation est reine, malgré d'immenses contraintes techniques et contextuelles. Cela reste avant tout une partie de football et les quatre-vingt mille personnes qui chantent dans l'arène madrilène n'ont cure de ce tournage, supporters uniquement portés par le désir de victoire de leur équipe. Ils regardent vingt-trois personnages, en comptant l'arbitre, nous autres saltimbanques du film ne fixons qu'un seul.

Le matin de l'événement, Gordon et Parreno ont emmené la bande de braqueurs d'images au musée du Prado pour une lente déambulation au cœur d'une exposition temporaire au titre prémonitoire : « Le portrait espagnol, du Greco à Picasso. » Véritable guide pratique de tournage. Les deux artistes espéraient des opérateurs de caméras ce que les peintres recherchent depuis des siècles avec leurs pupilles et leurs pinceaux. Qu'ils deviennent durant quatre-vingt-dix minutes des Velazquez en haute définition glorifiant un Philippe IV d'Espagne en maillot blanc et souliers à crampons. La preuve par l'exemple mais avec cette difficulté en ajout : le modèle du soir ne prend pas la pose, il entre rapidement dans le match, comme on dit dans le langage éculé du sport, oublie rapidement les objectifs qui le scrutent, et frétille intensément sur le gazon.

D'habitude en tribune, à mon pupitre de rédacteur de presse, je suis cette fois autorisé à suivre la rencontre au bord du terrain, juste derrière le but où le Real s'illustrera en deuxième mi-temps. Une pintade en chasuble fluo, petite gardienne du temple autoproclamée, veut m'interdire le passage. Je hurle et baragouine que depuis deux ans je ne vis quasiment que pour ce moment qui va s'ouvrir. Elle cède finalement à ma violence de mots et de gestes confus. Je suis nerveux. Insupportable même. D'autant plus que Villarreal ressemble à cette équipe combative et talentueuse qu'aurait imaginée le scénariste si le doux et merveilleux mensonge de la fiction avait dirigé la destinée de ce film. Le « sous-marin jaune », tel que se nomme entre amis le club du levant de la péninsule Ibérique, lance une première torpille victorieuse et le Real est contraint à une *remontada*, un retour gagnant depuis l'adversité. À deux mètres de mon terrier improvisé, entre deux panneaux publicitaires, où je me suis fait tout petit, Zizou fabrique des guirlandes et décore la soirée avec ses passements de jambes et un centre sublime pour le but égalisateur de Ronaldo (le Brésilien). Le triomphe sera au bout grâce à une réalisation opportuniste et merveilleuse du défenseur Michel Salgado, complétant avec succès une histoire footballistique qui tient vraiment la route. Mais, surtout, ô grand et magnifique surtout, l'acteur principal a exécuté ses gestes à lui, ses beaux et caractéristiques mouvements. Il a enchanté le crépuscule et signé sa présence sur la pellicule 35 millimètres. Zinédine Yazid Zidane, le vrai, le seul, l'incarné, le réel est bien venu au rendez-vous. Il se souviendra de tout avec précision lors de notre discussion pour le portfolio aux pages glacées :

> « Il n'y a pas de triche. Je me reconnais, c'est moi, c'est ce que je vis tous les dimanches. Avec un peu plus d'émotion, par moments un peu moins. Ce qui est bien dans ce match précis, c'est le suspense qui a été présent tout au long des quatre-vingt-dix minutes. Un penalty contre nous, on égalise, on marque un deuxième but fabuleux. On finit par remporter cette rencontre importante. Il y a eu beaucoup de joie et, en plus, à la fin se produit quelque chose d'assez rare. Enfin, assez rare… C'est que ce jour-là je prends un carton… Tu vois, dans ce match il se passe de tout. Comme s'il fallait que tout soit possible. »

La couleur du morceau de papier rectangulaire que ne prononce pas mon cher compatriote est celle de la *muleta* du torero, de la confiture de groseilles, de l'affiche du poème d'Aragon, de la robe d'Anny Duperey dans *Un éléphant ça trompe énormément*, du cocktail piquant au jus de tomate de lendemain de fête, du moulin de Pigalle, du nez de l'auguste sous le chapiteau. Un presque non-dit qui le fait sourire et un événement « cerise sur le gâteau » qui rend le film définitivement « zidanien ». Jusqu'au bout. Mais sur le moment je n'en mène pas large. L'angoisse accompagne la fatigue et le post-coïtum animal triste de la fin d'un projet si long, si dévorant, si étourdissant. Je fantasme. Nous fantasmons. Et si Zidane exigeait de couper la scène de son expulsion à la 94e minute ? Pour protéger son image. Et si une demande de censure chirurgicale venait tacher le bel ouvrage ? Par recommandation d'un proche ou d'un conseiller. L'idée ne lui caresse même pas le cerveau. Le sujet n'est jamais abordé lors des rendez-vous postérieurs au tournage. Il assume tout et explique naturellement la liberté absolue qu'il a laissée aux créateurs :

> « C'est leur métier et ils savaient ce qu'ils voulaient faire. Douglas et Philippe m'avaient décrit leur projet dès le début et cela s'est passé comme ils me l'avaient annoncé. De toute façon, à un moment donné, il faut savoir faire confiance. Si quelque chose ne m'avait pas plu, je leur aurais dit. C'était bien comme ça. Ils ont travaillé de leur côté et ça s'est déroulé comme tout le monde le voulait. »

Avant-goût de l'extase contenue mais sincère que Zidane manifestera à la sortie sur les écrans, cette rencontre à trois qui se déroule à l'automne 2005 dans une petite salle de projection professionnelle. Philippe Parreno est venu de Paris avec un espoir sur le cœur et une bobine sous le bras. Dans la boîte métallique circulaire, l'artiste à la voix douce et mesurée a caché un extrait du film de huit minutes exactement. Un bout du montage, échantillon représentatif de l'œuvre qu'il prétend accomplir. Cadeau soumis au jugement de Zizou. J'arrive en compagnie du footballeur à la chemise légèrement ouverte et tous trois nous asseyons au premier rang, les fesses sur des fauteuils vieillots et pas vraiment confortables. Peu importe, la première séance ne va durer que le temps des maxi 45 tours de notre enfance. Parreno se tourne vers le projectionniste qui lance la machine à images. Le résultat est stupéfiant, prenant, troublant, radical et d'une beauté inqualifiable. Multiplication de tableaux. Une goutte de transpiration coule lentement le long du visage de Zidane pour rester suspendue l'espace d'une seconde sur son menton mal rasé. Ses pieds se promènent sur la pelouse dans un pas de deux instinctif, les pointes traînant un peu à l'arrière et griffant l'herbe rase et brillante. Le Français aux yeux verts envoûtants lève la main gauche pour appeler à lui le ballon qu'il caresse comme on salue la face d'un nouveau-né. Quelques instants de grâce mis bout à bout dans un ordre incompréhensible pour le moment mais à l'esthétisme déchirant. L'art est venu à la rencontre du sport quelques mois auparavant et tous deux se sont plu. Coup de foudre à Madrid dans le quartier de Chamartín, au bout d'une longue avenue peuplée de tilleuls verts. La poésie sans mot, le bonheur sans artifice, la splendeur sans maquillage. Je reste silencieux. Zidane reste silencieux. Et Parreno n'ose pas attendre la première réaction de la vedette unique de son film. L'artiste, qui a pourtant l'habitude des violentes critiques des gazettes, dans toutes les langues, craint le jugement innocent et direct du plus élégant joueur de football de tous les temps. Il s'invente une petite envie naturelle pour s'échapper quelques minutes de la pièce moquettée du sol au plafond et me laisser Zizou, à moi. En toute confiance pour les mots. Je l'interroge :

« Alors, qu'en penses-tu ?

— Je regarde les images et j'ai le sentiment de voir mon frère sur l'écran. Mon frère dans la vie de tous les jours. Mon frère en train de parler à ma mère. Parce que mon frère, c'est moi sans tout ça ! »

Il conclut la dernière phrase d'un geste de la main droite, ample et grandiloquent. Sa manière à lui de décrire la folie qui l'entoure, la starisation, l'envahissante célébrité, la gloire. Parreno réapparaît soudainement pour m'entendre répéter mot pour mot ce commentaire qui résonne comme un applaudissement. Les deux artistes, l'Écossais et le Français, avaient rêvé un portrait et non seulement Zidane se reconnaît dans ces prémices de leur création, mais il y découvre aussi son être le plus authentique. Gordon et Parreno ont su percer la carapace et filmer la pureté de l'idole, faire apparaître celui qui sera toujours et avant tout le fils de Smaïl et Malika, déceler l'auparavant dans l'aujourd'hui. Ils ont gagné. Le résultat final qui déroule dans des centaines de salles de cinéma a le parfum du chef-d'œuvre, et la Croisette version 2006 l'accueille dans le format hors compétition. Thierry Frémaux, délégué général du Festival de Cannes et ardent supporter de l'Olympique lyonnais, veut proposer à Zizou la montée des marches. Le joueur de ballon, acteur du film d'un soir, sent en lui son adolescence qui frissonne :

« Quand j'étais au centre de formation de l'AS Cannes, j'allais regarder passer les vedettes sur le tapis rouge. Je me vois encore crier "Madonna ! Madonna !"

derrière les barrières. Alors me retrouver là-bas moi aussi… »

L'agréable revanche sur le destin lui tend les bras, l'envie le titille fortement mais la tête le retient, le frustre, le bloque. La crainte du « qu'en-dira-t-on » quelques semaines avant le Mondial en Allemagne, la peur qu'on lui reproche un hypothétique échec footballistique à la lumière de cette réjouissance personnelle sous les flashs de la Côte d'Azur, l'obsession de paraître jusqu'au bout du bout comme un footballeur professionnel et rien d'autre qu'un footballeur professionnel. Thierry Frémaux me raconte la scène :

« Plus les jours passaient, plus je me disais : "S'il monte les marches et qu'il fait une mauvaise Coupe du monde, on va dire qu'il n'a pas été sérieux en allant sur le tapis rouge, Cannes ne peut pas être responsable de ça…" Je rêvais bien sûr de l'accueillir mais je commençais à me sentir un peu coupable. Je me rends dans l'hôtel où il logeait, c'est très sympa, on parle de tout mais il y avait ça dans l'air : à quel moment on parle de Cannes ? Et je lui ai dit ma pensée, qu'il y avait un risque médiatique, tout en ne voulant pas lui laisser croire que je n'aimais pas le film. Et lui me répond : "Ça tombe bien, je voulais vous dire que ça va être compliqué pour moi…" et il me donne en gros les mêmes raisons. On était d'accord. À la fois embêtés et soulagés de s'être dit la vérité. En partant, j'avais le sentiment d'avoir œuvré pour la France ! Je veux dire d'avoir permis à Zizou de ne pas se déconcentrer en allant à nos festivités. »

C'est donc sans lui que je découvre l'œuvre achevée, assis dans la salle rouge et réfrigérée, au côté de mon tendre ami et stakhanoviste festivalier Carlos Gomez. Je suis aveuglé par tant de grâce qui défile sur le drap blanc punaisé au mur, envahi par la musique de Mogwai, groupe écossais amicalement réquisitionné pour sublimer la pellicule, ébahi par l'immortalisation de la solitude de ce joueur au milieu du tumulte, déchiré par une image fixe en plein équateur du film. Afin de tapisser les quinze minutes de repos offertes aux footballeurs à la mi-temps du match, Gordon et Parreno avaient fait rechercher par des agences de presse internationales les photos d'événements s'étant produits exactement le même jour que le tournage, ce fameux samedi 23 avril 2005. Ils avaient ensuite soigneusement édité une succession de clichés et de vidéos journalistiques. Pas de ballon pendant un quart d'heure. Apparaissent les essais de l'Airbus A380 sur le tarmac de Toulouse, des inondations en Serbie, une marionnette de Bob Marley sur une plage de Rio, le discours de l'enfant Elian Gonzalez à La Havane, une lecture publique à Madrid pour les quatre cents ans du *Don Quichotte* de Cervantes, une série de nouveaux jeux vidéo, une étoile mise en enchère sur eBay, des sons enregistrés par la sonde spatiale Voyager, des crapauds qui gonflent dans la banlieue de Hambourg, un attentat à la voiture piégée qui fait neuf morts en Irak avec, au premier plan à gauche, un jeune homme qui s'enfuit pour sauver sa vie. Il est de dos. Il porte le deuxième maillot du Real Madrid, le noir corbeau luisant, avec le numéro cinq accroché et six lettres blanches mal collées qui forment un nom : ZIDANE.

Chapitre 3

L'ARGENT À SA PLACE

Il n'était pas facile de blesser Zinédine Zidane sur un terrain. Sa dextérité balle au pied, sa rapidité d'exécution de tous les gestes classiques du football, sa capacité d'improvisation et de création de mouvements inconnus jusqu'alors éloignaient les rapaces et les sangsues. Sa magie le protégeait souvent des tacles appuyés et autres abordages de ses adversaires, obligatoires cailloux pointus sur le chemin de la gloire.

Cependant, même en volant, en dansant, en sautillant, personne n'est totalement à l'abri. Comme tout adepte de ce sport de contact où vingt-deux mâles alpha s'écharpent pour un morceau de cuir sphérique, il a eu mal. Très mal parfois. Sans jamais se plaindre. Dommages internes et acceptables d'un métier qu'il a choisi, gage de réussite du champion et même signe de respect du rival d'en face.

Mais il est une brutalité qui, pour lui, n'est pas supportable. Une douleur qui n'affecte pas les ischios de la jambe droite, le cinquième métatarse du pied gauche, ni les adducteurs des deux côtés mais qui déchire le cœur et la raison de celui qui sera pour toujours un garçon du quartier marseillais de la Castellane. En janvier 2011, Zizou subit une attaque qu'il juge épouvantable, qui lui retourne l'âme et les boyaux. Dans une interview accordée au magazine *SportMag*, Christophe Alévêque l'agresse avec des mots bien plus violents que les crampons aiguisés des défenseurs italiens des années 1990, bien plus perfides que les petits coups dans les côtes sur les corners ou les insultantes provocations sur les pelouses à peine le coup de sifflet donné par l'arbitre. L'humoriste chevalier blanc déclare :

> « Ce mec est un panneau publicitaire qui a trois neurones et qui profite de son image à outrance. C'est une forme de prostitution. Ce mec est une pute. »

Réaction outrancière au soutien officiel et public de Zidane à la candidature du Qatar à l'organisation de la Coupe du monde de 2022. Au même titre que plusieurs grandes stars du ballon comme Pep Guardiola, l'ancien capitaine de l'équipe de France a été rémunéré pour la campagne publicitaire du petit, mais très riche, pays du golfe Persique. La somme de onze millions d'euros évoquée dans les gazettes, sans aucun effort de vérification, devient alors une immuable vérité et le signe du mal absolu. L'excuse très utile pour dézinguer Zizou, pour tenter de déboulonner la statue de l'idole. Alévêque s'affiche comme le meneur d'un mouvement de haine ciblée, dans un pays, la France, où l'argent reste sale. Très sale. Surtout quand c'est un ancien pauvre qui le moissonne.

Le sujet me semble à la fois ridicule et peu intéressant, d'autant plus que de l'autre côté des Pyrénées personne ne s'est ému que Guardiola, citoyen espagnol, soit lui aussi grassement rémunéré pour la même opération de communication et de lobbying dans un domaine où sa légitimité ne peut être remise en cause. Alors que les pages et les pages de ce livre s'accumulent sur la table de mon salon, la porte ouverte vers le patio où le jasmin commence à faner, je décide toutefois de tirer au clair cette histoire. Directement auprès de Zidane, bien entendu. Parler au Seigneur plutôt qu'à ses saints, comme à mon habitude. Écouter Dieu plutôt qu'Alévêque.

L'ancien joueur avait porté plainte pour diffamation et, en mars 2013, dans une évidente et salutaire logique de dignité humaine, l'humoriste avait été condamné par la justice française à cinq mille euros de dommages et intérêts. Puis s'était excusé à moitié, reconnaissant du bout des dents le choix peu judicieux de certains termes employés. Une victoire morale essentielle pour Zizou, enfant d'une famille où l'on a toujours marché la tête haute, même quand les poches étaient vides. Fils d'un ouvrier qui a gagné honnêtement son pain et qui a inculqué à sa descendance le sens du travail et du mérite. Que certains clament, ou même seulement laissent entendre, que cet argent venu d'ailleurs avait quelque chose d'indécent, voire de trouble et de déshonorant, était tout simplement insupportable pour Zidane. D'une brutalité indigérable. D'une injustice découpante.

En ce dimanche matin de juin 2019, je l'appelle pour une longue discussion destinée à comprendre le fin mot d'une affaire qui a barbouillé quelque peu son image publique. Je veux parler billets de banque colorés et morale à géométrie variable. « N'oubliez jamais que ce qu'il y a d'encombrant dans la morale, c'est que c'est toujours la morale des autres », chantait Léo Ferré, accusé en son temps par les bien-pensants de vivre à Monaco, alors qu'il était monégasque, comme son père. Il y a belle lurette que le génie dérange et rend jaloux, que la réussite provoque suspicion et convoitise. Dans tous les domaines.

J'interroge Zizou, ni procureur ni avocat. Il me répond sans crainte ni fioriture :

« Déjà ce n'était pas onze mais trois millions ! »

La somme rondelette et décapante, dérangeante au premier abord, se divise d'un coup par quatre pour descendre à un niveau plus admissible par les calculatrices humaines. Zidane ne m'a jamais menti. Quand il n'a pas souhaité évoquer un sujet particulier, il l'a simplement écarté du bout des doigts avec naturel, me faisant comprendre qu'il ne dirait rien. Surtout quand mes questions se voulaient trop précises sur ses secrets de vie et de vestiaire ou sur ses choix de joueurs, ses tactiques juste avant un grand rendez-vous footballistique. Pourquoi ne pas le croire quand il affirme avec assurance et tranquillité un autre montant que celui supposé et diffusé à l'époque ? Il poursuit :

« De plus je n'ai pas touché un centime de ces trois millions.

— Ah bon ? Quel intérêt alors pour toi de te mettre ainsi en avant et de prendre ce risque de te faire allumer ?

— C'est une longue histoire qui commence en 2005, quand le prince Jassim me propose d'aller jouer au Qatar en compagnie de Ronaldinho. Son souhait était de développer le football dans son pays, mais pour moi il était clair que je devais terminer ma carrière au Real. Je respectais son idée de faire grandir mon sport et je lui avais dit que, si un jour je pouvais aider, je le ferais avec plaisir. Alors quand le Qatar a monté son projet de Mondial pour 2022 et m'a sollicité, j'ai accepté de suite.

— Contre toutefois une compensation de plusieurs millions d'euros…

— Oui, mais cet argent n'était pas pour moi.

— Ah bon ? Vraiment ? Donc pour qui était-il ?

— L'intégralité des trois millions est allée à la fondation "Zinédine Zidane", à but humanitaire, que mon père et moi avons montée en Algérie il y a plusieurs années. Pour aider les plus pauvres, notamment du côté de son village, Aguemoun, en Kabylie. Tout est parti d'une publicité que j'avais tournée là-bas pour une compagnie de téléphone qui s'appelait alors "Nedjma". J'avais souhaité à l'époque que l'argent qu'on me versait reste dans le pays d'origine de mes parents et serve à faire le bien. D'où l'idée de cette fondation.

— Pourquoi ne pas t'être expliqué publiquement quand toute cette boue a été déversée sur toi ?

— J'ai tenté de le faire. Mais personne n'a souligné ni retenu cette vérité. »

Ce que me raconte Zizou avec sa voix décidée ne me surprend pas plus que ça. Moi non plus je n'avais pas imprimé dans mon cerveau cette antérieure et honorable justification sur le paiement du paquet de millions et, en même temps, je le savais puissamment impliqué dans des œuvres humanitaires. À commencer par la plus connue, en tant que parrain et ambassadeur très actif de l'association ELA, qui lutte contre les leucodystrophies, puis d'autres plus discrètes au gré de demandes particulières et dont j'ai parfois été le témoin direct et privilégié.

Le sentiment de devoir rendre une part de cet énorme gâteau que la vie lui a offert est inhérent à sa conduite de chaque jour. Un sens de la responsabilité sociale pas du tout rare chez les collègues de profession de Zidane, chez ceux qu'il est de bon ton de fustiger pour leur foison de dollars et leur supposé manque de conscience de la réalité du monde. La plupart des footballeurs vedettes auxquelles il m'a été donné de me frotter humainement et intellectuellement savent distribuer aux plus démunis une dose des dividendes de leurs succès, dans un élan naturel et, la plupart du temps, sous le sceau pudique du secret. À l'image de Cristiano Ronaldo, rouleur de mécaniques footballistiques sur le rectangle vert, esthète narcissique bronzé et gominé, compétiteur obsessionnel et implacable et cependant homme généreux, immensément généreux, irrépressible donateur au quotidien à toutes les causes qui se présentent. La star portugaise, multiple collectionneuse de Ballons d'or et de Ligues des Champions, aime les pubs, les tournages et les affiches, et les piécettes dorées qui tombent du ciel comme les giboulées du mois de mars. Zizou aussi. Et alors ? Deux enfants au passé similaire, écartés involontaires de l'abondance de tout, sauf d'amour. Deux êtres profondément courageux et batailleurs qui ont réussi au-delà des songes les plus fous et qui se sont ouverts à des mondes étrangers, fermés à double tour aux représentants de leur milieu d'origine mais tapissés de rouge et de paillettes pour les manieurs de ballons qu'ils sont devenus.

> « Oui, j'ai fait beaucoup de pub par le passé et je l'assume complètement. C'était une formidable occasion pour moi de sortir un peu du milieu du foot et de rencontrer des gens que je n'aurais jamais connus autrement. »

Zidane poursuit sa confession sans tabou et, surtout, sans chercher à me convaincre de quoi que ce soit. Encore moins à s'excuser. Il ne me doit rien et je n'exige rien de lui. Je recherche uniquement les clés de la compréhension au travers d'une relation de confiance qui autorise toutes les questions. Même quand il s'agit de fric, de flouze, de thune, d'oseille, de blé ou de *pasta* comme lui et moi avons appris à le dire dans l'argot castillan.

> « Je découvrais des personnes différentes, je réalisais des choses nouvelles. Et si, en plus, je pouvais gagner de l'argent, je ne vois pas pourquoi j'aurais dû m'en priver. Oui je me suis fait plaisir et j'ai fait plaisir autour de moi avec ce que je gagnais par ces campagnes. »

Je ne vais pas le contredire et le juger. Surtout pas. Premièrement, parce qu'il est libre de faire ce qu'il veut avec sa vie et avec son bien et, deuxièmement, parce que je pense exactement la même chose que lui de l'ascension sociale. N'ai-je pas un jour donné à goûter du caviar à ma grand-mère, cette pauvre paysanne du pays ch'ti aux mains crevassées par le travail de la terre ? Je sais Zidane en paix avec sa fortune, puisque fortune il détient. Lui qui ne réclame que le fruit de son labeur. Il suffit de consulter les comptes du Real Madrid, audités par un organisme indépendant et publiés chaque année pour l'assemblée générale des « socios » (membres-supporters), pour déceler le signe d'un comportement honnête et sain. En avril 2006, quand il décide de mettre fin à sa carrière un an avant le terme prévu dans son engagement avec le Real, le président d'alors, Luis Gomez-Montejano, s'apprête à lui faire le chèque pour solde de tout compte. Le contrat qui lie le joueur français avec le club madrilène depuis juillet 2001 stipule le versement intégral du salaire des douze derniers mois même en cas de résiliation prématurée d'une des deux parties. Concrètement, Zinédine a le droit de toucher la somme de six millions d'euros nets après charges et impôts sur le revenu. Une clause que le Real s'apprête bien évidemment à respecter mais, assis dans le bureau du patron de l'équipe merengue, Zidane surprend son interlocuteur. Avec quelques mots purs et bien choisis, sur un ton convaincu qui n'appelle aucune contestation, il exécute le contre-pied parfait. De ceux qu'il sait encore si bien réaliser sur le terrain. Il dit avec assurance :

> « C'est moi qui pars. C'est mon choix. Je ne veux pas être payé pour un travail que je ne vais pas effectuer. »

Dont acte. Une poignée de main, une embrassade, un *gracias* et un président éberlué par ce qu'il vient d'entendre. Jamais au cours de ses cinq années sous le maillot blanc Zizou n'avait demandé une augmentation, chose pourtant courante dans le football moderne, jamais il n'avait exigé un quelconque avantage ou privilège. On le connaissait respectueux de la parole donnée, mais de là à renoncer à tant d'argent, il y avait un abîme de scrupules et d'intégrité que peu de personnes auraient été capables de combler. En apprenant cet épisode quelques mois plus tard, je ne pourrai pas m'empêcher de penser aux parents de Zinédine. Toute une éducation se reflétait dans ce geste que le joueur avait tenté de dissimuler au grand public. Un savoir-vivre sans remords, une élégance de cœur au diapason de son élégance de corps.

Un autre exemple ? Sa première mission de reconversion, trois ans après avoir raccroché les crampons et une fois Florentino Pérez de retour sur le trône du Real. À la demande expresse de son copain, Zizou accepte un rôle de conseiller de la présidence, mais pose une incompressible condition : travailler bénévolement. Une nouvelle façon pour le jeune retraité de remercier le club qui lui a offert tant de joie et tant de tendresse. L'amitié plus forte que le plaqué or et les bons du Trésor. Une attitude désintéressée que l'on retrouve le 4 janvier 2016 quand il accède au poste d'entraîneur de l'équipe première. Tard le soir, Pérez me raconte au téléphone leur conversation du matin. Bonheur dans la voix, sourire qui traverse les ondes. Je suis quant à moi bien plus terre à terre et m'attarde sur les informations précises et triviales que je dois inclure dans mes articles. J'interroge le président :

« Et combien va-t-il gagner ?

— Je ne sais pas. Nous n'avons pas parlé du salaire. Zizou n'est pas un homme obsédé par l'argent. C'est la joie de prendre en main notre équipe qui le porte. »

Un nouvel employé qui ne s'informe pas de ses émoluments, un employeur qui n'y pense pas non plus. Amusante et déconcertante réalité ponctuelle dans un monde du football roi où les records et excès d'ordre économique sont souvent aussi médiatisés que les trophées. Ce n'est que le lendemain que le directeur général du club, José Ángel Sánchez, poussé par l'urgente nécessité d'établir le contrat et de le déposer devant les autorités compétentes du football espagnol, lui proposera trois millions d'euros nets annuels. Une somme que Zizou accepte d'entrée sans négocier, et qui n'atteint même pas la moitié de la rémunération de ses deux prédécesseurs, Rafael Benítez et Carlo Ancelotti, ni le tiers de celle de José Mourinho, locataire de la maison blanche madrilène trois ans auparavant. Son nom, son statut et sa popularité parmi les supporters lui auraient permis de planer dans d'autres altitudes financières, mais son désir farouche de faire ses preuves avant toute récompense l'invite à la mesure et à la modestie. Comme si, de nouveau, résonnaient au loin les mots anciens de Smaïl Zidane à son fils : « Travail, sérieux et respect ». Inarrêtable rengaine. Code de la route éthique.

Je le constate de l'intérieur, et personnellement, à l'heure des prémices du film *Zidane, un portrait du 21e siècle*. Il me demande de contacter son agent de toujours, son homme de confiance, son ami Alain Migliaccio pour les détails administratifs. Zizou a donné ses ordres : tout faire pour faciliter le montage du projet, que l'argent ne soit pas un frein ni même un petit souci. Unique acteur et protagoniste de l'œuvre cinématographique, il était en position de demander plusieurs centaines de milliers d'euros à la production franco-hollywoodienne, son coût se limitera à quelques dizaines de milliers, minimum lié avant tout à la gestion de droits d'image et autres questions contractuelles incontournables. Zidane prend l'argent pour ce qu'il est. Une douce et utile protection. Il se sait à l'abri depuis longtemps, peut préserver tous ceux qu'il aime des accidents du destin et gère ses deniers en bon père de famille. D'abord miser sur l'intérêt et le plaisir des choses, des aventures, des occasions nouvelles plutôt que sur la dérisoire accumulation. Et surtout ne pas jouer les riches même quand on a bien le sou. Ne pas provoquer la jalousie. Ne pas ressembler à qui a oublié le lieu et l'heure de sa naissance. Les reflets de puissance et de dorure restent donc bien cachés, dans la douce fraîcheur de l'intimité. Comme c'était déjà le cas du temps de l'immense Real des années 1950-1960, quand le mythique président Santiago Bernabéu exigeait de ses joueurs de la bienséance et de la compréhension pour la souffrance du peuple qui les admirait. Ne pas narguer les assoiffés, même par inconscience. Les footballeurs, déjà d'incontestables privilégiés, dans un pays où la pauvreté et le régime franquiste allaient de pair. Alors le jour où la star de l'équipe au maillot blanc, Alfredo di Stéfano, se présenta au stade de Chamartín au volant d'une somptueuse et toute nouvelle Cadillac, Bernabéu lui fit la leçon. Puis décréta l'interdiction de circuler dans Madrid avec la belle américaine aux jantes chromées et l'obligation de rouler en Seat 500, la voiture de la petite et modeste classe moyenne espagnole.

* * *

Aujourd'hui ce ne sont plus les balades automobiles qui peuvent choquer l'homme de la rue, mais les étalages indécents sur les réseaux sociaux. Sur le compte Instagram aux vingt-trois millions de « suiveurs » (je déteste profondément le vilain terme importé de « followers ») que Zidane alimente une à deux fois par semaine au grand maximum, les photos se veulent humaines, familiales, pudiques et simples. Presque banales. Là un souvenir mal cadré d'un match de l'enfance, là un bouquet de fleurs pour sa femme le jour de son anniversaire, là une pose devant un train grande vitesse à Shangai, là une pub pour les nouveaux crampons de son sponsor historique, là un faux appel mimé dans une cabine téléphonique londonienne, là les vœux du nouvel an avec Véronique et les quatre fils. Pas de grosses montres en platine serties de diamants, pas de clichés devant un jet privé prêt au décollage pour une île lointaine aux eaux turquoise, pas de steak de bœuf plaqué or, pas de Ferrari décapotable roulant sur une avenue de Miami Beach.

« En fait je possède une Ferrari mais je ne l'utilise pas ! »

Zizou sait surprendre. Je l'avais vu avec de belles voitures sur le parking du centre d'entraînement et du stade Santiago-Bernabéu, ou encore avec cette superbe Bentley coupé verte de sa fin de carrière de joueur garée entre la palissade et la porte de sa maison. Mais je ne l'imaginais vraiment pas en chemise hawaïenne à bord du bolide rouge de la marque transalpine au cheval cabré, tel le Magnum de la série des années 1980. Il me raconte :

« Dans le contrat que je signe à l'été 1996 avec la Juventus après avoir quitté Bordeaux, apparaît une clause très spéciale. Mon nouveau club italien me promet de m'offrir une Ferrari si je remporte le Ballon d'or *France Football* au cours des cinq années qui suivent. »

C'est chose faite dès l'automne 1998 après la victoire des Bleus à la Coupe du monde et ses deux buts en finale contre le Brésil. Les Italiens, dont la sélection nationale avait été éliminée par les Français, tiennent parole et fournissent à Zidane la belle auto puissante et rapide.

« Je ne l'ai pas beaucoup utilisée. D'ailleurs, cette fameuse Ferrari est dans le garage de la maison de mes parents, à Marseille. Depuis vingt et un an elle prend la poussière. Elle ne sort jamais, mais je rechigne à m'en séparer. Mes parents vont la voir de temps en temps pour se rappeler avec émotion ce qu'elle signifie, de ce trophée si prestigieux que leur fils a décroché un jour.

Moi aussi j'y jette parfois un coup d'œil quand je retourne en France rendre visite à ma famille.

— D'accord, c'est une sorte de madeleine de Proust en tôle et caoutchouc. Mais, après tant d'années, pourquoi donc ne pas la vendre ?

— Je sais bien que cette voiture perd de la valeur comme ça sans bouger, sans être démarrée. Mais elle possède pour moi une valeur tellement plus importante, tellement plus forte que son prix sur le marché. Celle du souvenir, celle de la fierté. »

Chapitre 4

TELLEMENT FRANÇAIS

« Pourquoi le prononcer ce nom de la patrie ?
Dans son brillant exil mon cœur en a frémi. »

Les vers de Lamartine pour clamer en beauté qu'un Français de l'étranger est aussi français qu'un Français de France.

La déchirure géographique a cet effet de sublimer le sentiment d'appartenance à la terre natale. Je le sais au plus profond de ma chair depuis ce jour d'octobre 1992 où j'ai pris une voiture, puis un train, puis un avion blanc pour une autre vie, de l'autre côté de la chaîne des Pyrénées. Depuis 1996, Zinédine Zidane fait aussi partie de ces expatriés de la République disséminés de par le monde. À ses 47 ans, il aura bientôt égrainé autant de printemps et d'automnes loin de sa patrie que sur le territoire national. D'abord l'Italie, puis l'Espagne. Et encore et toujours l'Espagne malgré la fin de sa carrière de footballeur en 2006 et cette évidente possibilité de rentrer au bercail hexagonal.

Pour la douceur de Madrid la capitale et la tranquillité de l'habitude. Pour sa femme et ses enfants, si heureux sous le soleil de Castille et la chaleur des amitiés conquises peu à peu. Des compatriotes et des Espagnols, des gens de confiance pure, rares et capables de deviser la vérité des êtres, au-delà du vernis du nom et de l'enchanteresse notoriété. Il me l'avoue un soir de novembre 2019 alors que nous foulons ensemble l'asphalte madrilène :

« Qu'est-ce que je me sens bien ici ! »

L'exilé volontaire n'est pas un traître, ni même un citoyen de sous-grade, pas moins légitime qu'un autre de fredonner l'hymne révolutionnaire fondateur ou de revendiquer une histoire commune. Marianne aime autant ses enfants du tout loin que ses enfants du tout près.

Parler de la France avec Zizou est à chaque fois un point de rencontre et de consolation partagée. Peu importe que son père soit né dans un village d'Algérie et le mien dans une cité minière du Pas-de-Calais. La République nous appelle et nous unit. Notre chant du départ d'un autre siècle nous pousse à retourner sans cesse, par la pensée et l'humidité des yeux, vers le bleu, le blanc et le rouge. Zinédine me le dit avec force :

« Je suis Français et fier de l'être. Je suis Français et fier de mes origines kabyles. Je dois tout à mon pays et à l'amour de mes parents. Je suis né et j'ai grandi en France. Elle m'a offert la possibilité de m'éduquer, de me former et de pouvoir vivre de ma passion. Vivre du football. »

Il me raconte aussi son service militaire au Bataillon de Joinville en 1991, dans cette unité spéciale de l'armée française qui accueillait les sportifs professionnels et leur permettait de continuer leur carrière tout en respectant le passage, alors obligatoire, sous les drapeaux. Il sourit en se remémorant les classes et les gardes. Je m'imagine mal cet être qui respire par le mouvement, qui existe par le geste, devoir rester debout des heures durant, sans bouger, devant une guérite à l'entrée d'une salle d'armes.

« On appelle ça le piquet d'inter ! »

Le deuxième classe Zidane me fait comprendre qu'il n'a rien oublié, évoque les allers-retours fatigants entre la caserne en banlieue est de Paris et l'AS Cannes, entre les exercices militaires et les matches et autres entraînements, mais conclut avec l'assurance bienveillante de celui pour qui tout a du sens, pour qui tout s'additionne, pour qui tout fait progresser :

« Je conserve de cette période beaucoup de bons souvenirs… »

Petit soldat éphémère devenu héros d'une bataille sportive sur la plaine de Saint-Denis sept ans plus tard. Porté aux nues par une foule enfin libérée du poids de l'échec, vengée de Séville 82 et des humiliations successives face aux Allemands de la RFA du ballon rond. La France reconnaissante fait de Zinédine Yazid Zidane un chevalier de l'ordre national de la Légion d'honneur. Au même titre que ses partenaires de l'épopée triomphale du Mondial 98, un insigne rouge vient décorer le revers gauche de sa veste et le propulse au sommet de la République, au sein d'une caste qui lui semblait pourtant interdite.

Le fils d'ouvrier et de mère au foyer en frissonne toujours aujourd'hui, de joie et de gratitude, mais garde la mesure, une distance saine et réfléchie. Il ne veut surtout pas usurper un rôle, un exploit qu'il dit réservés à bien plus grands, bien plus courageux, bien plus forts que lui.

Sans fausse modestie, il me confesse ses sentiments partagés :

« C'était une décision du président Jacques Chirac et j'ai accepté cette médaille avec bonheur mais je n'ai jamais perdu de vue qu'un tel honneur était d'abord fait pour les héros véritables. Pour les personnes qui ont combattu, qui ont donné leur vie pour la France, qui ont réalisé des choses extraordinaires pour la collectivité. Moi, je suis simplement un footballeur. »

Le chevalier sans grandiloquence distille son patriotisme et son attachement à la terre natale dès qu'un choix de vie semble se présenter. Doit-il suivre ses études de management sportif dans sa ville de résidence, Madrid, ou dans son pays d'origine ? C'est à Limoges qu'il se rend. Doit-il passer son diplôme d'entraîneur dans les installations de la Fédération espagnole de Las Rozas en banlieue madrilène ou à Clairefontaine, à cinquante kilomètres de Paris ? C'est dans les Yvelines qu'il reçoit ses cours. Doit-il inscrire ses fils à l'école espagnole ou à celle de la République ? C'est au Lycée français de Madrid qu'ils étudient. Doit-il les pousser vers les sélections nationales de jeunes du football espagnol ou vers celles du football français ? C'est d'un maillot bleu que s'habillent Enzo, Luca, Théo et sûrement bientôt le petit Elyaz.

Les dilemmes et questionnements d'autrui, les débats stériles des gazettes n'existent pas pour l'homme de la Castellane. La France est toujours son évidente évidence, sa première idée et son premier recours, malgré toutes ses années hispanisantes, dix-huit au total et appelées à s'accumuler encore. Aimer profondément, viscéralement Madrid et l'Espagne, adorer ces gens qui roulent les « r », leur sourire et leur permanente résilience, leur capacité à vivre de peu de choses et avec beaucoup de monde. Se trouver chez soi, et tellement à l'aise, sur le plateau castillan, à plusieurs centaines de mètres du niveau de la mer, avoir appris le goût de la déculpabilisante légèreté de ce peuple bon et généreux, mais mesurer encore ses pulsations au rythme de *La Marseillaise*.

On ne quitte jamais vraiment la France. Zizou le sent et le sait, tout comme moi. Alors il est debout dans la rue Marqués de la Ensenada en ce dimanche 23 avril 2017, très tôt au début d'une file d'attente qui longe le bâtiment du consulat français de Madrid, bureau de vote des enfants de la République devenus grands. C'est le premier tour de l'élection présidentielle qui verra, deux semaines plus tard, Emmanuel Macron succéder à François Hollande. L'entraîneur du Real vient de s'échapper du centre d'entraînement de Valdebebas où ses joueurs se reposent encore. Dans quelques heures, son équipe affronte le FC Barcelone dans son fief, le stade Santiago-Bernabéu, pour un match décisif et brûlant de la conquête du trophée de champion d'Espagne. Il s'est levé à l'aube, comme à son habitude, et le voilà à la porte de l'isoloir pour déposer son bulletin de vote, exercer son droit et son devoir de citoyen. En personne. Il lui aurait été facile de faire une procuration à son épouse, mais Zidane a l'appétence de ce geste démocratique qui le rapproche de son pays. Il se sent concerné par l'événement, même à 1 300 kilomètres de la place de la Concorde, comme il l'a toujours été.

Comme il le fut notamment en ce mois d'avril 2002 quand Jean-Marie Le Pen atteignit le deuxième tour de l'élection du chef de l'État. Conscient de sa popularité comme de sa responsabilité et de l'impact de sa parole sur un large public, il avait jailli de sa traditionnelle réserve pour lancer un message d'alerte et de conscientisation face à ce qu'il considérait comme une menace pour son pays. J'étais près de lui ce jour-là, micro tendu et oreilles déployées pour un moment d'une grande solennité historique. Je n'ai même pas besoin aujourd'hui de consulter mes articles de l'époque pour reproduire mot pour mot cette puissante déclaration, tant elle m'avait impressionné par sa justesse et sa sincérité :

> « Il faut que les Français se rendent compte du danger que représente de voter pour un parti dont le discours ne correspond pas aux valeurs de la France. Voter Le Pen ou même s'abstenir pourrait avoir de très graves conséquences. »

Le Marseillais avait aussi participé à une vidéo contre le candidat et fondateur du Front national au côté de plusieurs artistes comme Gérard Depardieu, Jean-Jacques Goldman ou le rappeur Akhenaton. Le Pen avait alors expliqué que Zidane se faisait « manipuler par des gens qui se servent de sa notoriété ». C'était évidemment bien mal connaître la force des convictions de Zizou et la haute idée qu'il se fait de son pays. Quinze ans plus tard, et alors que c'est la fille qui accède au dernier face-à-face de l'élection présidentielle, il redit son opposition à l'extrême droite. Publiquement, le 28 avril 2017, la veille d'une rencontre de Liga contre Valence :

> « Mon message est toujours le même, c'est celui de 2002. Je suis loin de toutes ces idées-là, loin de ce Front national. Donc il faut éviter ça au maximum ! »

Pas spécialement attaché à la politique au quotidien mais citoyen éveillé, Zidane n'a jamais adhéré à aucun parti ni même affiché ses tendances ou un quelconque soutien à un candidat. Même de loin. Des propositions lourdes et directes, comme des tentatives de séduction plus discrètes et insidieuses, n'ont cependant pas manqué. L'icône sportive et sociétale, fils d'immigré et magnifique exemple de l'intégration réussie a toujours été une proie désirable pour les politiciens avides de compagnons de route de renom. Même aux grandes heures du « Black Blanc Beur » de l'été 1998, il n'est pas tombé dans le piège de la revendication identitaire de « quartiers », du communautarisme ni dans celui de la récupération. Il a repoussé les prétendants avec élégance et fermeté. Avec toujours à l'esprit le chemin tracé par ses parents. Il me raconte :

> « Tu sais, il y a beaucoup de gens qui te donnent leur avis, qui t'incitent à aller vers telle ou telle voie. Des amis qui pensent bien faire… Mais les meilleurs conseils sont ceux qui viennent de tes parents. Eux ne se sont jamais trompés dans leurs paroles et leurs recommandations. Ils m'ont toujours dit : "Le foot c'est ta passion, alors parle de foot. La politique, tu n'as pas à t'en occuper. Ne t'engage pas dans ce que tu ne connais pas. Ce sera toujours mieux pour toi." Ils ont eu bien raison et m'ont évité de commettre des erreurs. »

* * *

Le naturel français de Zizou se retrouve dans ses réflexes au quotidien, dans ses goûts et ses méthodes de travail. À commencer par cette attirance tellement « cocorico » pour le fromage. Pas vraiment une denrée recommandée pour les sportifs de haut niveau et pas du tout en accord avec la frugalité habituelle de ses repas, mais là se trouve son principal péché mignon, sa seule véritable « incartade » alimentaire. Il l'accepte avec délice car, dans le fond, on ne peut lutter contre cette tendance si « franchouillarde ». De même qu'il ne peut rien face à l'enracinement et la puissance de son accent marseillais si caractéristique, ni celui, très hexagonal, qui ressort gentiment quand il s'exprime en espagnol. Deux accents sur les lèvres et une musique dans la tête.

Bercé de chanson française depuis son adolescence « cabrélienne », il conserve pour ces notes et ces mots de chez nous une admiration et une prédilection toute particulière. D'ailleurs, le grand public l'avait découvert en train de pousser la rengaine dans le fameux documentaire *Les Yeux dans les Bleus*, qui relatait depuis l'intime la vie de l'équipe de France durant la Coupe du monde 98. Peu avant la rencontre de huitième de finale contre l'Italie, et alors qu'il vient de purger deux matches de suspension suite à son expulsion contre l'Arabie saoudite, Zizou est surpris dans sa chambre par la caméra de Stéphane Meunier, le réalisateur. Allongé sur son lit, il écoute le disque des Enfoirés et la reprise collégiale d'un magnifique et emblématique morceau de Michel Polnareff. Il chante fort, tout en marquant le *tempo* par le claquement des doigts de sa main droite. Il monte haut dans les aiguës, y reste à peine, et redescend vite dans les graves.

« On ira tous au paradis… »

Ironie involontaire d'un instant de tournage ou message de l'inconscient, celui qui doit se faire pardonner pour ce carton rouge, faire oublier que sa tension intérieure extériorisée au mauvais moment a laissé ses coéquipiers sans son génie et sa prestance durant plus de deux cents minutes, va jusqu'au bout du refrain et s'absout lui-même de toute pénitence.

« On ira tous au paradis… Même moi. »

Oui, même lui. Surtout lui. Sent-il déjà que l'histoire de ce tournoi où la France invite la planète se terminera en apothéose et qu'il sera sanctifié le soir du 12 juillet ?

La terre natale, paradis perdu par plus de deux décennies d'absence mais paradis gagné par la construction de souvenirs immenses et indestructibles, par des voyages réguliers à Marseille où se concentre le cœur de sa famille et dans l'Aveyron, où demeurent les parents de Véronique, où sa chère épouse a grandi. Les investissements dans le coin, bien plus émotionnels que financiers, servent aussi à renforcer le lien. Il y a cette maison achetée en l'an 2000, après la victoire des Bleus à l'Euro, à Onet-le-Château, petit bourg dont Zizou a été nommé citoyen d'honneur. Puis ce soutien au « RAF », le Rodez Aveyron Football, en devenant actionnaire en 2012 alors que le club évoluait en CFA (quatrième division) et qui vient d'atteindre la Ligue 2, dernière marche avant l'élite du championnat de France.

C'est tout cela qu'il porte en lui quand il exerce avec dévouement et implication son métier d'entraîneur, loin de ses bases mais avec des traits tellement français que tout compatriote passé par l'école de la République saurait reconnaître aisément. Une manière bien spécifique de réfléchir, de fonctionner et de travailler. Un ancrage dans des valeurs et un système de pensée qui nous différencie de tous les autres peuples. Hamidou Msaidié, son deuxième adjoint au Real, ce fin observateur et acteur de l'intérieur, me l'explique et le décrit comme une évidence :

« Il est français et il a l'air français parce qu'il est structuré. D'abord par son éducation à la maison, puis par l'école et le centre de formation. Il a les idées claires, il est très cartésien. Zizou sait jongler avec le "thèse, antithèse, synthèse" dans les nombreuses tâches qui sont les siennes et notamment quand il délivre ses messages aux joueurs sous sa responsabilité. Très français aussi sur les règles dans cette Espagne où parfois surgit un certain dilettantisme. Comme les horaires par exemple. Il est très à cheval sur le respect des horaires. Avec lui, tout le monde se doit d'être ponctuel. Une trace de caractère qui trahit ses origines. »

Être coach, c'est être le patron, le guide, le commandeur. La personne de qui les subordonnés attendent des ordres et des informations bien précises, sans équivoque. Zidane possède depuis longtemps les prédispositions. Msaidié le dit.

« Il a ce truc essentiel dans notre métier, c'est qu'il synthétise très vite. Les idées sont limpides, les concepts bien choisis et très clairs. Il sait où il veut aller, comment il veut y aller et possède en lui cette capacité de le transmettre. C'est simple à comprendre pour les joueurs et pour nous aussi qui travaillons auprès de lui. Avec Zizou, il n'y a pas de palabres et, en même temps, il pose beaucoup de questions, demande conseil, laisse aux autres la possibilité de s'exprimer et permet la confrontation des idées. »

Héritage culturel et scolaire. Cadeau d'une nation qui charpente ses enfants et bâtit des hommes. Cadeau que

Zidane sait apprécier, valoriser et remercier au centuple. Son pays lui a tant donné, il lui a tant rendu comme footballeur symbole de l'élégance à la française. Haute couture du sport qui s'est exportée comme personne, comme jamais. Le voici aujourd'hui entraîneur éclatant dans le club le plus célèbre et le plus adulé de la planète. À travers ses succès qui résonnent jusqu'aux plus petits recoins, c'est bien l'excellence et le génie tricolores, une certaine manière d'être et de penser, un savoir-faire bien particulier qui brillent.

Avec Zidane de Marseille, c'est la France qui triomphe.

Épilogue

L'AVENIR ET LE POINÇON

Je connais peu de définitions aussi bouleversantes et belles que celle imprimée sur la couverture d'un vieux numéro de la collection *Autrement*. Celui consacré à la pureté, datant des années 1990. Elle apparaît en lettres minuscules sous le titre de l'ouvrage et dit : « Quête d'absolu au péril de l'humain. »

J'y pense souvent quand je scrute les destins de ces êtres exceptionnels, adorés et jalousés, et de ces autres qui ont essayé, ont tout perdu pour l'accomplissement d'un rêve finalement tronqué, déchiré, anéanti.

Zinédine Zidane fait évidemment partie de la première salve et, même si tout s'achevait dans les heures qui viennent, son existence aura été définitivement marquée du sceau de la reconnaissance, de la réussite et de la gloire. Une vie hors du commun. Une vie enchanteresse faite de travail et d'idolâtrie, de bonheurs puissants et de brisantes déconvenues, de victoires et de défaites, de richesses et de pauvretés, de sourires et de douleurs, de sublimation et de cailloux dans la chaussure.

Une vie complète, débordante et jubilatoire. Une vie réservée à quelques élus. Modèle, exemple, référence, icône, objet de désirs, étoile qui guide, être qui brille, Zizou frôle-t-il la perfection ? Non, bien entendu. Non, bien heureusement. Le péril de l'humain a sanctifié son humanité, a renforcé la fragilité de sa force et la force de sa fragilité.

Le fils de Smaïl et Malika est un mortel sur une terre de mortels, une personne de chair et de sang, de bleu sur le maillot et sur le corps, de genou fissuré réparé au bistouri sur une table froide et sous des lampes blafardes, d'indélébiles cicatrices sur la peau et de mémoire de déchirures en haut et en bas.

Tellement humain dans son imperfection et, oserai-je l'écrire, dans la recherche inconsciente de la non-perfection. Je ne pourrai jamais ôter de l'hémisphère droit de mon cerveau torturé cette idée que le geste féroce et cru, sublime et grisant sur l'Italien Materazzi un soir de juillet 2006, sous les yeux tremblants de centaines de millions de personnes de par le monde, était un hurlement à l'imperfection. Une criante revendication à ce droit inaliénable de pouvoir être comme les autres, pétri de défauts et de fragilités, sensible et impétueux. Et, finalement, dépourvu et seul face à la provocation haineuse, face au vice calculé. Je ne pourrai jamais non plus, étrange sensation intuitive, m'empêcher de déduire que sans ce coup de tête dans la poitrine du voleur de lumière, de cet agent de l'indigne, Zidane ne serait peut-être jamais devenu entraîneur. Qu'il n'aurait pas senti la vitale nécessité d'ouvrir un deuxième chapitre dans son histoire avec le football.

Ne pas avoir bien clos le premier, et supposé unique et « non négociable », s'annonçait en cachette comme l'acte fondateur d'un autre pan de destin, d'une carrière accueillante à d'autres triomphes, à d'autres peines et d'autres vibrations. La redécouverte du danger en soi après la mise en danger de soi au milieu du stade olympique berlinois, en pleine finale planétaire, au moment crucial. Magnifique et incertain programme revisité à l'aune de son indétectable mais bien réel retour, le 11 mars 2019, sur le banc lustré du Real Madrid. J'avance masqué puis je retire le cache-visage pour annoncer, tel un ludopathe de casino désert, tel un médium maquillé de programme de télé nocturne, mais avec la conviction sincère de l'observateur porté par l'honnêteté et par les années. J'affirme après des décennies d'amour du football et dix-huit saisons de marquage journalistique de ce sport, de décryptage sensitif et cartésien, que Zidane deviendra encore plus grand entraîneur qu'il n'a été joueur. Qu'il gravera de son poinçon la légende épique avec plus de profondeur en tant que meneur d'hommes et tacticien que comme manieur de ballon solitaire et magique. Tout converge désormais vers cet astre renaissant, son talent, son courage, sa résistance physique et mentale, son génie, son exigence, son discernement, sa précieuse aptitude à s'entourer de confiances et de confiants et puis ce club, le Real, le plus de tous les plus, la tête haute et les bras écartés pour l'étreinte passionnelle et l'aventure partagée.

Tout semble mener à de nouvelles campagnes triomphales avec, à leur tête, un général légitime de son passé et puissant de son avenir. Jamais, au grand jamais, un entraîneur du plus grand club de l'histoire du football n'avait reçu autant de pouvoir que Zizou le Marseillais de la Castellane. Celui du choix des hommes et des méthodes, des lieux et des heures, celui du quotidien, du mensuel et de l'annuel. Un contrôle absolu sur les battements de cœur d'une équipe à sa main, bâtie par ses yeux et son cerveau, par son autorité et sa prémonition. Condition *sine qua non* d'un rapatriement à la maison blanche au parfum de sauvetage, au goût du risque revendiqué. Un régime zidanien s'est instauré au Real avec ses lois, avec son gouvernement de Français fidèles et dévoués. Il détient désormais, à lui seul, les outils de la construction et les armes de la conquête, la voix du meneur et le bras du guide.

Et puis surtout, sublime et enjôleur surtout, il possède ce qui fait penser les philosophes depuis l'Antiquité et serre le poignet des hommes modernes. Zidane a pour lui le temps. Le temps sans limite, le temps sans crainte. La carrière du footballeur est bordée par les saisons qui passent, par les blessures, les douleurs et le corps qui s'enraye pour, un jour toujours trop proche, arrêter sa course. À 35 ans, quand les autres humains prennent leur vitesse professionnelle à plein poumons, le joueur de ballon commence à toussoter, à diviser l'horizon du terme et, finalement, à scruter sa petite mort. L'entraîneur, lui, ne connaît pas cette castration. Les années qui se présentent devant Zizou sont extensibles et sa capacité fondatrice à se nourrir d'expériences le rendra encore plus fort, encore plus fin, encore plus brillant. La multiplication si précoce de ses trophées sur le banc ne doit pas faire oublier qu'il reste un tout jeune et tout frais technicien, que l'avenir appartient à cet homme de l'aurore, à cet ouvrier du beau. La maturité de son nouvel ouvrage n'est pas encore arrivée, sa croissance est toujours en cours, sa grandeur renouée en marche.

Zinédine Yazid Zidane ne connaît pas les barrières du « non » et du « peut-être », les obstacles impossibles à sauter ni les frontières de la peur et du dégoût. Il combat la médiocrité et la servitude. Il sublime les choses qu'il touche et les êtres qui l'approchent. J'ai vu de mes yeux vu ces gens grandir autour de lui et ne plus jamais rapetisser.

Tout est ouvert pour un futur de lumière et de promesses à tenir. Inexorablement, son destin avance, son destin s'envole.

Remerciements

À Zizou, pour ces dix-huit années. Et pour toutes celles qu'il nous reste.

À Éric Maitrot, mon éditeur, pour m'avoir accompagné depuis le tout début avec force et délicatesse.

À Christophe Absi, Anne Blondat, Éva Bouts, Guillaume Robert, et toutes les équipes de Flammarion pour leur confiance, leur enthousiasme et leur appui.

À Carlo Ancelotti, Alvaro Arbeloa, Alvaro Benito, David Bettoni, Christophe Dugarry, Julien Escudé, Jorge Franco, dit Burgui, Thierry Frémaux, Philippe Montanier, Hamidou Msaidié et Stéphane Plancque pour leurs témoignages libres et puissants.

À Raymonde Hermel, ma mère, Florence Hermel, ma sœur, et Damien Toth-Hermel, mon neveu et filleul, pour leur amour et leur indestructible foi en leur Fred.

À Agnès Botte, Lucas Bouju, Soizic Bouju, Camille Choteau, Éric Giacometti, Carlos Gomez, Sylvie Guyot, Richard Herlin, Fabrice Jouhaud, Nicolas Kassianides, Gautier Lekens, David Levé, Sara Losada, Laurence Sebin, Nicolas Surga, Sophie Thurel, Rafael Torres Boulet, Sonia Torres Boulet et le père Jean-Jacques Veychard pour leurs conseils et leur soutien.

Aux dirigeants actuels et passés de *L'Équipe-France Football* et de RMC pour la confiance en leur correspondant de Madrid, et ceux d'*AS* pour publier mes chroniques parfois loufoques.

Au Real Madrid, son président Florentino Pérez, son service de presse et tous ses membres, pour me faire sentir chez moi au stade Santiago-Bernabéu.

À l'ambassade de France en Espagne, aux ambassadeurs Jérôme Bonnafont, Yves Saint-Geours et Jean-Michel Casa, aux membres des différents services, de la chancellerie au consulat en passant par le service culturel, pour leur porte toujours ouverte.

À Pierre Chaperon, Jean Décotte et Antoine Simonneau, membres éminents de l'« Amicale laïque des correspondants poètes et sportifs français de Madrid », pour avoir supporté le « patriarche » durant ces longs mois d'écriture.

À Alain-Fournier et son *Grand Meaulnes*, Arras, Barbara, Jacques Brel, *La Cité de la peur*, l'école de la République, l'église Saint-Léger de Mercatel, Léo Ferré, Khalil Gibran, mes grands-parents, *Hiroshima mon amour*, la galerie d'art Lelong, *Les Feuilles mortes*, Gérard Philipe, Jacques Prévert, Rainer Maria Rilke et ses *Lettres à un jeune poète*, le RC Lens et tous ces êtres croisés un jour, pour un regard ou des décennies d'amitié, toutes ces choses belles et fortes, pour avoir guidé mes pas sur le chemin de l'existence.

Table

Partie 3
SES SOLITUDES ET SES COLÈRES

Partie 4
HOMME MYSTIQUE, HOMME PUBLIC

Cet ouvrage a été mis en page par IGS-CP
à L'Isle-d'Espagnac (16)

Imprimé en France par CPI
en octobre 2019

Dépôt légal : novembre 2019
N° d'édition : L.01ELKN000784.N001
N° d'impression : 153841